文明的邂逅

张力 池建新 主编

生命之盐

The Encounter of Civilizations
Behind Salt

中国科学技术出版社
·北京·

张力

国家一级导演。中国电影金鸡奖获得者，中国视协纪录片学术委员会副主任，中国科教影视协会常务理事。中央新影集团原副总编辑、艺术总监。

曾执导《增长的代价》《诗人毛泽东》《消逝的大河桥》《瓷路》《海昏侯》《在影像里重逢》等上百部纪录片和电视剧，并监制纪录片《滔滔小河》《楚国八百年》《手术两百年》《生命之盐》《稻米之路》《承诺》等，参与创建中央电视台《发现之旅》栏目及数字频道。

多次获国家科技进步奖科普作品奖、国家广电总局纪录片人才优秀导演和撰稿，以及艾美奖（提名）、白玉兰奖、金熊猫奖和"中国电视纪录片年度人物"等奖项。

曾担任俄罗斯"人与环境"电影节、加拿大班夫山地纪录片节、亚广联电视奖、金鹰奖、金熊猫奖、金红棉奖、十佳十优等国内外各类影视评奖、推优评委。

池建新

著名纪录片制作人。中央新影集团副总经理，发现纪实传媒董事长兼总经理。中国电影家协会理事，首都纪录片发展协会科学纪录片专委会秘书长。中国传媒大学客座教授。

编撰了大型系列图书《中国电影百年精选》，出版了著作《频道先锋——电视频道运营攻略》。

代表作包括《手术两百年》《中国手作》《留法岁月》《人参》等大型纪录片；创建央视《百科探秘》《创新无限》《文明密码》《考古拼图》《第 N 个空间》《创业英雄》等栏目，担任制片人。

带领的团队获得金鸡奖、百花奖、星花奖、中国纪录片十佳十优、纪录中国、中国纪录片学院奖、中国广播电视协会颁发奖项等各类奖100 多项。

编委会：

主编： 张 力 池建新

副主编（执行主编）： 周莉芬

成员： 何 敏 于 磊 林毓佳 樊 川
　　　　郭 艳 赵显婷 郭海娜 宗明明
　　　　刘 蓓 张 鹏

内文设计： 赵 景 陈 飞

图片来源： 北京发现纪实传媒纪录片素材库
　　　　　　图虫网 123 图片库

序

　　一把色泽灿烂的桃花盐，能使一杯酥油茶绽放出奇妙的味觉之花。四川自贡喧闹的早点铺，只有盐卤水点化的嫩豆花，才是地道的本地滋味。法国纯正的烧烤牛排，极负盛名的大理诺邓火腿，醇香浓郁的山东酱菜……盐，为人类的生活增添了无尽的美味。

　　但盐又不仅仅只是盘桓在舌尖和唇齿间的一番滋味，它落地无声，遇水则化，看似渺小，却在人类文明的进程中，承载了太多的历史与文化，蕴含着丰厚的人生味道。

　　为了盐，非洲达纳基勒洼地的盐民在炼狱般的环境里劳作；为了盐，奥地利萨尔斯堡的矿工们深入地下1500米处开采盐矿；为了盐，西非塞内加尔的达喀尔的雷布人不得不忍受皮肤的创伤而长时间浸泡在盐水里；为了盐，四川自贡的辊工毅然爬上了高耸入云的天车进行危险的高空作业。

　　长期经受着恶劣自然条件磨砺的盐民为了活下去，坚守在他们脚下这片深爱的土地上，披荆斩棘、饱经风霜。吃苦、忍耐、坚守、信念……这些看似荣光的生存之道，其实饱藏着说不尽的辛酸与无奈。他们为生存流下的汗与泪，就如同采出的盐，带着咸和苦涩。这，或许就是生存的味道。

在世界各地，盐维系着一个个家庭的生计，更牵动着一个个国家的命运，它在世界各个角落注视着人类历史的发展演变。盐的贩运编织了庞大的商业帝国，建立了一座座城市和乡镇；盐的开采造就了苦难，催生了战争……凝视着世界地图，谁会想到，一粒小小的盐巴，在世界历史的进程中，竟引发着一次又一次的盐事争端，甚至深深影响和左右了今天世界的版图划分。纵观整个人类的发展，小到部落与部落之间，大到种族与种族之间，盐都在无形中，悄无声息地勾画着国家间的"边界"。

我们追寻着盐的点滴足迹，穿越非洲、亚洲、欧洲、美洲，突破地域的疆界，既看到了人类开采盐矿背后的辛酸与勤劳，又目睹了各个国家争夺盐资源时的贪婪与残忍。盐，它负载着人类的失望与希望、贪婪与慷慨。

而我们一个个的人就像盐粒，他们以不同的方式，来回归到同一个地方。这捧在手心在今天看来再平凡不过的白色粉末，创造了一个个不平凡的故事。盐的滋味就是生命的滋味。

这就是生命之盐。

目 录

如果仅仅把盐局限为一种调味品，并且对它产生平凡渺小的印象，那你就错了……

第一辑

相依

"地狱"沙漠中的采盐人

在非洲的埃塞俄比亚，一对父子深入酷热的沙漠采盐。

达纳基勒洼地位于埃塞俄比亚高原的沙漠深处，是地球上年平均气温最高的地方，也是人类难以生存的禁地之一。

生活在这片沙漠里的阿法尔人，是唯一能忍受酷热，并在此长

能忍受酷热的阿法尔人

沙漠中的盐

埃塞俄比亚的沙漠中为何有盐?

　　埃塞俄比亚的沙漠,为什么会出现大量的盐?埃塞俄比亚是内陆国家,没有入海口,不能通过海水引盐。但此地沙漠里的盐矿储量却很大,沉积盐的深度有的可以达到800米。

　　埃塞俄比亚的沙漠其实是一片洼地,位于海平面100多米以下,这块沙漠的洼地曾经多次被红海的海水淹没,后来因为火山活动加上板块运动,那些海水被封堵在这里。沙漠地区天气炎热,气候干燥,使得海水蒸发,水去盐留,从而形成了厚厚的盐层。据地质学家推测,这片沙漠的盐矿,大约是3万年前的海水入侵形成的。

期生存的土著人。

　　夜深了,数百名男人带着木棍从四面八方聚拢到这里来了。这些被长老集中起来的不是普通的木棍,而是男人们驱赶骆驼的拐杖。他们紧张地等待着最后的时刻,长老会从这数百根拐杖中随机抽取几十根出来,这就意味着这些拐杖的主人便是明天的幸运儿,他们将获得一份梦寐以求的工作。

这份梦寐以求的工作是什么呢？其实就是开采盐矿。

对今天的幸运儿莫萨父子来说，采盐的收入是他们生活的唯一来源，尽管这份工作风险重重。

莫萨有四个儿子，他们的职业就是采盐。

他们即将前往的是一片被称作"地狱"的沙漠，那片沙漠连野兽都望而生畏。莫萨父子很幸运，他们被选中了，即将和其他被选中的男人们一起深入"地狱"开采盐矿。

位于东非大裂谷北部的达洛尔（Dallol）不是一座普通的火山，它可能是世界上最怪异的火山，喷发的时候，把地下的盐带到地表。来自红海的地下水，蒸发后在这里留下巨大的盐矿，形成 2000 平方千米的含盐盆地，有些区域深达 2 千米。

地狱一样的达洛尔火山

之所以把达纳基勒洼地的达洛尔火山称为"地狱"，因为这片盐质平原的自然条件极端恶劣。达洛尔火山是地球上最低的陆地火山，低于海平面 48 米，同时这里也是世界上最热的地方之一，气温长期高于 40 摄氏度且降水极为稀少。由于需要面对常人无法承受的高温，因此来这里采盐的工人是极其辛苦的，而且这里采盐的方式依然十分原始——依靠人力。

莫萨父子在劳动

达洛尔火山五彩斑斓的地面颜色

第一辑 相依　·　005

达洛尔火山五彩斑斓的地面颜色

达洛尔火山喷发后形成的含盐盆地

在古代非洲，盐的价格与黄金等同，因此沙漠中的盐被形象地称作"白色的金子"。在石油被发现以前，盐可能是非洲最昂贵的经济资源。

莫萨正在指导他的儿子打磨一把斧子。当初，莫萨的父亲就曾经这样手把手地把这种技艺教给他，他也期望着有一天儿子能像自己一样，继承他的衣钵。

虽然还是仲春4月初，这里气温已超过45摄氏度。莫萨父子将每一次深入沙漠的冒险之旅当作他们生命中的重要历练。他们向"地狱"缓缓靠近，擦肩而过的，是踏着尘土的驼队。

盐滩像一面巨大的镜子，反射出的阳光仿佛射出白花花的箭镞。如果你胆敢蔑视这反射的光，用不了多久它就能把你的眼睛照瞎。

摄人心魄的"地狱"景观

达洛尔火山，这个被叫作"地狱"的地方，有着让人震撼的风景。达洛尔火山埋藏在一千多米厚的盐层底下，地上是颜色不一的结晶体。加上这里的地面被氧化铁一类的矿物质覆盖，所以地面的颜色更是显得五彩斑斓，有着黄、绿、橙、赭等鲜艳的颜色。来到达洛尔火山的人们，在体验到这里极端的天气外，也被这壮丽的景色所倾倒。

　　长期生活在当地的原住民有两个部族，一个叫阿法尔，一个叫提格雷。提格雷人居住在水草丰茂的埃塞俄比亚高原，他们拥有大群的骆驼和充裕的草料，而生活在酷热沙漠深处的阿法尔人却拥有财富的来源——盐矿。于是两个部族之间达成了一个默契：阿法尔人采盐，提格雷人运盐。

合作才能共赢

　　阿法尔民族是一个神奇的民族，他们能抵御酷热的温度，在这样一个夏季温度高达 40 多摄氏度的极度恶劣的地方开采盐矿，但他们要想把盐卖出去，离不开提格雷人。要赚钱，他们就要与精通运输贸易的提格雷人合作。

　　居住在埃塞俄比亚高原上的提格雷人拥有大群的骆驼，这为驮盐提供了方便。所以，你至今还能看见成群结队的骆驼驮着盐在达纳基勒洼地行走的场景。

采好的盐等待提格雷人来运走

采盐的阿法尔人

凿盐的斧头

开采盐

莫萨父子打磨斧子

加工好的盐块

白色金子

过去，非洲沙漠中的盐被称为"白色的金子"，可见在人们心里，盐和黄金一样贵重。即使现在，盐依旧代表着金钱，毕竟采盐仍是许多当地人主要的经济来源。在达纳基勒洼地盐场，虽然热风席卷着沙尘让人窒息，但为了生活，阿法尔人不得不忍受着近50摄氏度的高温坚持采盐。盐是阿法尔人赖以生存的经济支柱。

一天，莫萨父子在荒漠中行走了两个小时，终于到达了采盐的地点，和另一名搭档成为一组。

他们先将地面敲开一条缝，将大块的盐块敲开，再把盐块切削成半米见方、重6～7千克的成品。

莫萨从父亲那里学会采盐的技能，他已经从事这项工作15年了。天气特别炎热。凿盐的斧头很有可能把自己的手弄伤，总之，采盐不是一件轻松的工作。

采盐工需要把这些既坚硬又易碎的盐块削切得方正规整，因为在市场上，如果盐块破碎了，它的价格就会大打折扣。

用不着对被切割掉的盐末感到惋惜，它们会融入大地，再次变成盐壳的一部分。

沙漠中的提格雷人赶着骆驼穿梭找寻着他们固定的合作伙伴，提格雷人以每块 0.11 美元的价钱向莫萨父子买下盐块。他们的目的地是埃塞俄比亚高原，将盐以近十倍的价格在那边的市场上出售。

阿法尔人要把盐削切成正方形

盐曾作为货币使用

如今阿法尔人年复一年地走进这片令人生畏的"大火炉"，寻找宝贵的盐。也许他们不知道，在古代，盐被埃塞俄比亚人当作货币使用。官员们的工资就是方形的盐块。人们在市场上，用盐块交易，用盐块买自己需要的东西。

盐
块

又高又瘦的阿法尔人

阿法尔人外形特征十分鲜明,不论男女,都又高又瘦。在一定程度上,阿法尔人的外形也反映了他们生存环境的恶劣,是当地自然环境的映射。和其他非洲人不同,他们平日不会唱歌跳舞,他们反倒喜欢生活在安静的世界里。

又高又瘦的阿法尔人

莫萨父子

对于莫萨父子来说，采盐一天的收入已经令他们心满意足了，因为这一天的收入可是整整两个月的生活费。

莫萨的儿子已经18岁了，莫萨已经培训他一年了，基本上完全可以独立工作了。大概一年以后莫萨就要退休了，他按照计划培训了自己的儿子，让他可以延续为家庭挣回生活费。

踏上回城路途的他们已经忘却了一天的疲劳。一路上，儿子紧紧地跟随着莫萨，在他看来，这一生除了继承父亲的职业，别无选择。

这个储量巨大的盐矿，对于生活在达纳基勒的人说来，是他们世世代代生命得以延续的物质基础，也是大地赐予他们的沉甸甸的希望。

千年盐都，最后的"天车"

中国西南的自贡，一次特别的维修即将开始。

这高耸入云的松木搭成的木架，叫天车，最高的达118米，相当于39层楼高，有人惊呼它为"东方的埃菲尔铁塔"。它好像一位阅尽沧桑的老人，见证着中国井盐生产的辉煌。

天车

自贡曾经是一个遍布天车的城市。作为中国西南的盐都，这里曾拥有上万座盐井。一口盐井上架一座天车，打井、修井、提卤水，井盐的生产离不开天车。

用天车打出的卤水，通过管道输送到附近的灶房内，几十口大锅日夜熬煮，从井口喷涌而出的黑卤水就能生产出白花花的火花盐。这种大粒盐，不同于工业生产出的精盐，用它腌制泡菜，口感脆爽又不那么咸。

四川自贡燊海井

39 层楼高的天车

盐井天车被称为"东方的埃菲尔铁塔"，是自贡的名片，用它能抽取地下几千米深的卤水，这种传统技术至今全世界独一无二。在自贡的每一口盐井上都架着高耸入云的天车，来抽取地下的卤水进行制盐。天车不是真的"车"，而是像"堆积木"一样，将木头往上垒叠、捆扎而成。天车一般有数十米高，最高的有118米，相当于39层楼高，好像通天高塔。

今天，随着现代制盐技术的发展，整个自贡市仅仅保留下寥寥几座天车，用来生产数量不多的大粒井盐。

天车是将若干杉木联结，以竹篾绳捆扎成巨大的支架，竖于井口，用于采卤、淘井、治井。

松木搭建的天车经受几百年的日晒雨淋，每年都需要例行检修、更换材料，辊工就是自贡井盐的建造者和守护者。因为天车的顶部和底部各有一个大辊，所以维修天车的工人叫辊工。

天车有几十米高，维护天车的正常运转的辊工经常需要高空作业。这个工种是很危险的，因而除了有过硬的技术，还需要过人的胆量。

先人智慧的结晶

天车可以说是自贡的先民们智慧的体现，没有设计图纸，也没有任何可参考的资料，却能建造出几十米甚至上百米的天车，不得不说这是充满智慧和胆量的创举。不像现在，有各种机械设备可以利用，天车是完全靠手工制作而成，其建造中又包含了建筑学、力学、几何学、数学和物理学的科学原理，这一独特的技艺可谓中国重要的非物质文化遗产。

天车老照片

仍然矗立在自贡的天车

高耸的天车似乎已伸入云端

52岁的龙树田是一名颇有资历的辊工。今天，他带着他的辊工小组正在赶往最高的一座天车。

就在几周前，龙师傅的辊工组出了意外，一位同事在准备材料时被切断了三根手指。

这次事故直接造成了辊工组的人手不足，辊工组能爬天车的只有三个人，为了配合同事，52岁的龙师傅必须亲自上阵，松木搭成的架子有100多米高，历史上，辊工们都是冒着很高的风险徒手攀爬天车，在空中更换钢丝。

辊工的工作不是谁都能干，凭借极其简单的安全保护设施在高空作业，首先要克服心理障碍，还要适应不同于平地上的用力方式，这需要天生的胆量。

龙师傅粗略估计了一下，整个天车要换上百根捆扎的钢丝，所需的木楔子更是不计其数。

徒手攀爬天车的辊工

辊工

　　辊工又称辊子匠，他们就是建造和维护天车的工人。他们可能文化程度不高，但个个都是充满智慧的能工巧匠。"空中的雄鹰""盐都的蜘蛛人"都是对他们的赞誉，他们不但会建造天车，还是天车文物的护宝人，只是现在，会辊工这门手艺的人已经很少了，毕竟这是一项高危职业。而且如今随着科技的进步和工业的快速发展，传统采卤工艺退出历史舞台，对辊工的需求也少了。

维修天车的辊工

正在维修天车的辊工

换钢丝的工作一般需要两名辊工在空中进行配合才能完成，小组里最年轻的两人，年龄也都超过了四十。

盛夏的自贡，天气异常闷热，光是攀爬就已经很吃力了，所用的其他材料只能通过绳子悬吊竹筐的方式往上运。

一个小时后，龙师傅已经有虚脱的感觉。他第一个下了天车，这意味着今天的空中作业已经结束。

龙师傅盼望着再过两年能顺利退休，但是他也担心，自己退休之后，天车靠谁来管。

辊工配合一起维修天车

辊工的默契

　　辊工每次出工都如上战场，这个说法一点都不夸张，毕竟他们都是高空作业，而且采用的都是原始、笨重的作业方式，随时有生命危险。在天车上，团队合作显得尤其重要。一旦上了天车，每一个组员都会尽全力，因为偷懒就意味着把工作甩给了同伴，所以辊工之间有着默契，干多干少全凭当天的身体状况决定，什么时候下天车，自己说了算。

第一辑 相依 · 025

看着辊工师傅们奋力地攀登，好像是在做着最后的演出，不由得令人心生感动。

修天车，与其说是一种营生，不如说更像是一个仪式。是一种对过去和传统的依恋，以及对未来的忧虑。是一种即将远去但又不应被遗忘的情感。

自贡这座有着 2000 年历史的盐都，代表着人类在井盐开采方面的智慧。守护这段历史的正是这些老手艺人。

莫扎特故里的神秘盐堡

位于奥地利西部的萨尔茨堡（Salzburg）是奥地利历史最悠久的城市之一。这里的人们很喜欢快乐地坐着类似滑道的东西，在几秒钟之内，伴着习习凉风，迅速到达滑道底部。

这其实不仅仅是娱乐设施，过去还是矿工们下井乘坐的工具，坐着滑道上工是让这些矿工唯一能够感到轻松愉快的事情。

他们一整天都见不到太阳，在井下劳动和吃饭，甚至做礼拜和祷告。而他们生产的东西恰恰是不可或缺的，既非煤又非铁，看似普通，却无可替代，这个东西就是盐。

奥地利人乘坐滑道的老照片

如今游客也喜欢乘坐滑道

因盐而得名的萨尔茨堡

　　萨尔茨堡位于奥地利西部的萨尔茨堡州和德国巴伐利亚州的交界处，靠近德国边境，在德国慕尼黑以东 150 千米。萨尔茨堡是伟大作曲家莫扎特的故乡，这里不仅有阿尔卑斯山的秀丽风光，还有丰富多彩的艺术建筑，每年来这里旅游的游客很多。萨尔茨堡被誉为全世界美丽的城市之一，还被联合国列为世界人类文明保护区。

　　"萨尔茨堡"在德语中是盐堡的意思，这个名字因城堡附近的盐矿而得，萨尔茨堡也是一座因盐而兴的城市。

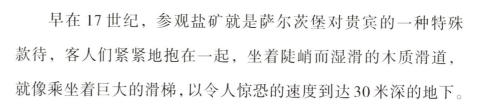

　　早在 17 世纪，参观盐矿就是萨尔茨堡对贵宾的一种特殊款待，客人们紧紧地抱在一起，坐着陡峭而湿滑的木质滑道，就像乘坐着巨大的滑梯，以令人惊恐的速度到达 30 米深的地下。

　　游览萨尔茨堡盐矿是一项难得的旅游体验，在这里乘坐滑梯进入地下盐矿，可以深入感受这个大自然赋予人类的天然宝藏，还能见识一个奇异的地下世界，同时还能看到古老的取盐方法。

顿恩伯格盐矿

　　萨尔茨堡开采盐矿的历史已经有 4000 多年了，这里的盐矿也是世界上最古老的盐矿之一——顿恩伯格盐矿。和湖盐、海盐、池盐、井盐不同，这里的盐是以矿石的形态埋藏在地层深处的。有的盐矿看上去就好像是水晶那样的晶体，人们喜欢将其称作"岩盐"。

岩盐

绘画作品再现了贵宾参观盐矿场景

绘画作品再现了盐矿的木质滑道

古埃及木乃伊

盐让干尸保存更久

为什么在顿恩伯格盐矿还能发现 700 年前采盐者的尸体？其实是盐起了作用。盐的作用是许多人工或自然干尸形成的关键因素。

盐具有杀菌防腐的功效，能使生物的遗体长时间保存，比如古埃及人很早就意识到了这一点，他们会用一种称作泡碱的盐混合物来脱除尸体中的水分，让干尸保存的时间更长。

矿洞发现采盐者的尸体

尸体手里的工具

顿恩伯格盐矿里面的坑道分为4层，每层之间相隔近40米。若非亲临这里，人们恐怕很难想象为了获取盐，人类会修建起如此巨大的地下之城。

1846年，人们在矿洞里发现一些保存下来的尸体和相关的东西，通过这些尸体手里的工具，考古学家推断他们是生活在700年前的采盐者。

至今无法弄清楚他们是如何丧命在这深深的地下矿井里。由于盐的作用，被发现的时候这些尸体保存完好。

凯尔特人的尸体

出土的工具

034 · 生命之盐

凯尔特人坟墓里出土的琥珀

用盐交换琥珀

凯尔特人的坟墓里还出土了一些精美的琥珀，这些琥珀显然不是出自奥地利当地，而是从波罗的海沿岸或欧洲北部城市进口的。这些琥珀是用盐交换而来。

当时，盐作为主要的基础商品，用来交换其他日常用品。

研究人员推断，当时不仅仅是普通人会去采盐，一些有钱人也会在盐矿中进行采盐，从而得到报酬和财富。

近些年开始，考古专家们陆续在顿恩伯格的盐矿附近发掘出大约 400 个凯尔特人的坟墓，出土了大量凯尔特人的遗骸，以及工具、衣物、皮靴和食物。

考古学家从出土的这些工具和衣物中寻找蛛丝马迹，他们推断，顿恩伯格采盐可能开始于铁器时代甚至更早的石器时代。

博物馆的研究人员推断，在公元前 600—前 500 年就有了第一个以寻找盐为职业的人，当时已经有人控制了盐和盐矿，并且用盐来换取大量财产。

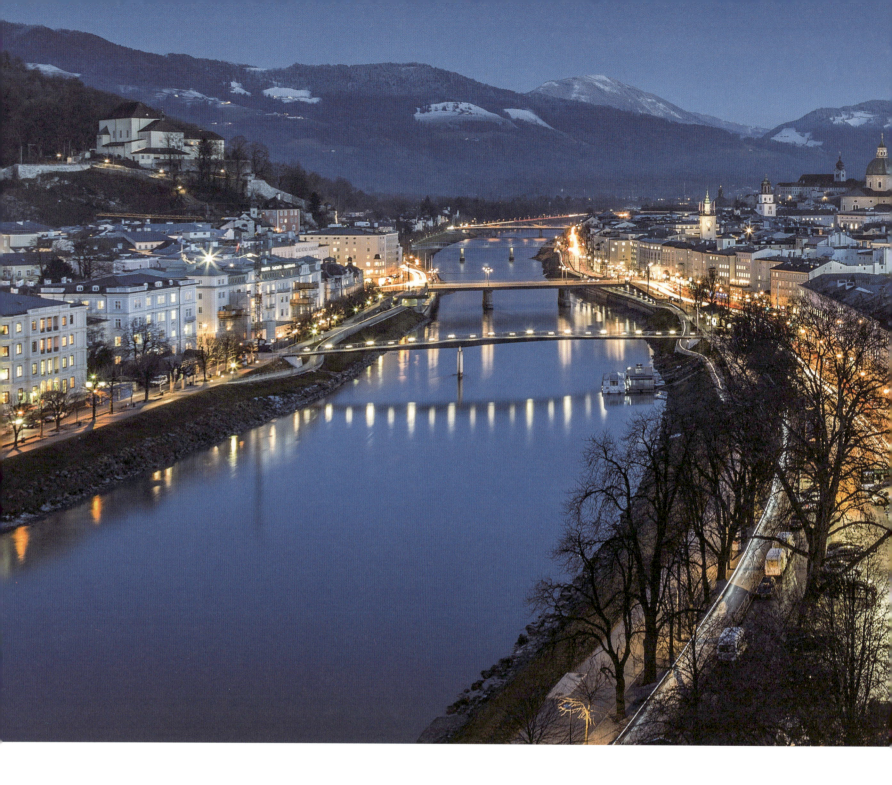

　　时至今日，顿恩伯格山是有据可考的欧洲最古老的地下盐矿，地下泉水提供了卤水，能够在水煮干后结晶成盐，葱郁的森林则提供了煮卤水所需要的柴薪能源。

　　由于地处阿尔卑斯山麓优越的地理位置，且盐河优雅地穿城而过，萨尔茨堡因地制宜地成为几个世纪来运输盐矿的重要通道。

　　贩盐这一高利润的买卖从多瑙河一直延伸到意大利与巴尔干半岛之间的亚得里亚海。而考古工作者们也发现了，在铁器时代人和盐在这里最初相遇的生动依据。

盐河穿城而过

教会的经济来源

  盐河从"盐之城堡"萨尔茨堡盆地流过,这使得萨尔茨堡成了一个理想的航运转运点。1000多年前,因为独特的地理位置,萨尔茨堡开采出的盐源源不断地输出到欧洲各地,萨尔茨堡也因为这一粒粒小小的盐而繁荣起来。这里的盐自古就是当地教会的经济来源。

盐田映衬着蓝天

晒盐场和盐架

芒康女子和一粒桃花盐

在地球的另一极，中国西藏自治区芒康县，另一个古老的部落后裔，也在用他们的方式辛勤地求取着同一种物质。

在海拔2300多米的澜沧江河谷两岸，是西藏芒康的晒盐场。1200年来，西岸的加达村生活着纳西族人，他们生产红盐。东岸的盐井村生活着藏族人，世代生产白盐。沧桑的红褐色盐田和斑驳的盐架，书写和记录着这个制盐部落曾经艰辛的生存命运。

直到今天，生活在西岸加达村的纳西族人还一直保留着这种最古老、最朴素的制盐方式。盐不仅是他们的生活所需，更是流淌在他们心中的信仰。

奇怪的建筑

　　从高空看海拔 2300 米的澜沧江河谷，会发现一些奇怪的建筑。它们依山而建，远看像是楼房，走进了看却像是长廊。了解当地风土的人知道，这其实都是晒盐用的盐架子。一根根柱子支撑起来的平台上就是一块块的盐田（盐田又称盐池）。绵延 1.5 千米的澜沧江两岸，分布着 3000 多个这样的晒盐架和 50 多口盐泉。

芒康盐井的形成具有奇特的地理和气候因素。这一带属于地壳上升强烈的地带,岩层受到来自东西方向剧烈的挤压,形成褶皱带和大断层,沿断裂带露出的温泉水溶解着含盐地层,富含盐分的卤水源源不断喷涌而出。

这里属于热河谷地带,高原温带半湿润性季风性气候,气候干燥、光照充足、气温高,沿着澜沧江通道南来的季风强劲,能迅速地将盐水晾干。

察卡洛

绵延 1.5 千米的澜沧江两岸,分布着 3000 多个这样的晒盐盐架和 50 多口盐泉。这块盐田距今已经有 1000 多年历史,在唐代时期就已经开始在此制作盐巴。在史书上这一带被称为盐井,而藏语却把这里称为"察卡洛","察卡洛"就是产盐之地的意思。这里至今还完整地保留着最原始的人工晒盐场地,也沿用着最古老的晒盐技艺。

澜沧江两岸的晒盐场

在过去，要把卤水从江边的盐井运到盐田，全靠女人们肩挑背扛。

36 岁的次仁玉珍正在开始制盐的第一道工序，从江边的盐水井中抽取卤水。和过去不同，现在整个盐井地区都采用更高效省力的水泵抽水。

把卤水倒入盐田

次仁玉珍在盐田劳作

盐田下面的支柱和卤水池

次仁玉珍从十二三岁开始就跟妈妈一起在盐田里干活，那时候晒盐还需要用木桶把卤水从江边背到高台，很辛苦，不像现在那么方便。

盐田分布着各家的蓄水池，从地下抽出的卤水在这里经过晾晒，直到浓度饱和，才会灌进盐田。

尽管管理盐田很辛苦，但是次仁玉珍觉得自己比上一辈人已经幸福多了。当年的盐井，还完全依靠人力来背运卤水，耗时又费力。现在水泵抽水，免去了女人们最辛苦的劳作，但同时也带来了触电的危险。盐田里遍布电线，次仁玉珍最好的朋友就是因为电线漏电把命搭了进去。

为了家里的生活，为了吃得更好穿得更暖，次仁玉珍必须努力在盐田干活，毕竟她家还得靠盐田为生。

红盐和白盐

　　尽管同处一江，澜沧江两岸的盐田却泾渭分明地出现红、白两色。西岸的加达村盐田是红色，东岸的盐井村的盐田却是白色，因此分别被称为红盐井和白盐井。这种看似神秘的现象源于澜沧江两岸土质的不同——东岸的土壤含有细沙，呈白色，所以产白盐；西岸土壤属于山地褐土，所以产红盐。

白盐

红盐

收红盐

劳作中的次仁玉珍

次仁玉珍是加达村拥有盐田最多的女人，十年前，她嫁到这里来就接手了一大摊子事，村里的男人都出去打工了，家里的活基本都是靠女人来干。她聪明肯吃苦，很快就学会了做盐。

制盐的过程有辛劳，也有快乐，苦中作乐，积极地面对生活，平和且阳光地看待这一切，或许这就是次仁玉珍她们要面对的生活。

芒康盐井能晒制出世界上颜色最丰富的盐：从白盐到红盐，因为纯度的不同，这里的盐呈现出多种形态。

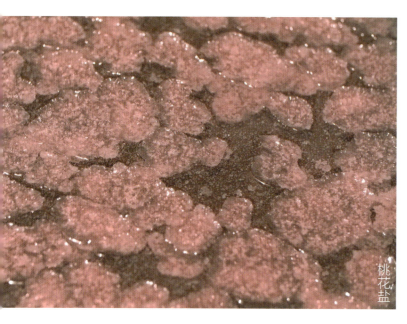

桃花盐

桃花盐

　　每年的3月至5月是晒盐的黄金季节，不但阳光明媚，掠过河谷的风也非常强劲，很容易出盐，这时盐的品质是最好的。因为此时也正是澜沧江两岸桃花陆续开放的时节，这些在"桃花月"晒出的盐也被称为"桃花盐"。

　　次仁玉珍是全家唯一在盐田工作的女人，4月是她最忙碌的时候。一年之中，只有这短短一个月的时间，加达村的盐田能晒出一种略带粉红色的桃花盐，这是整个芒康品质最高的盐。

　　新鲜的牛奶和酥油一起搅拌，再加上茶叶熬煮，放入桃花盐调味，能做出口味上乘的酥油茶。桃花盐是当地制作酥油茶的灵魂。

晒卜盐场

按照芒康当地的传统，盐田所有的工作都由女人承担，男人们则负责把晒好的盐卖出去。

在由云南进入西藏的茶马古道上，盐井是必经之地，1000多年里，马帮一直驮着盐由此向高海拔地区进发。

芒康的盐在藏区深受欢迎，牧民们相信这是能帮助牛马添膘产崽的好东西。但运盐也是一项充满危险的工作，男人们历经艰辛到达高寒的牧区，用盐换回盐井稀缺的青稞和牛肉等食物。

1200多年来，正是因为盐的生产和贸易，使这个制盐部落坚守在了这片不毛之地。

千年手工晒盐方式还在继续

芒康盐井是中国唯一保持最完整的原始手工晒盐方式的地方。这里的盐井、盐田历史悠久，传说唐朝以前这里就开始制盐，至今已有1000多年的历史。

以前，每天早晨女人们背着桶、挑着担子到江边的卤水井取卤水，再挑到半山腰倒在盐田里。

所以，有人说芒康盐是女人、阳光与风的杰作。

取卤水

支撑晒盐台的松木

芒康盐田

　　4月的西藏芒康，雨水不期而至，给在盐田工作的人带来了不少麻烦。连续降雨冲毁了不少盐田，加达村的女人们最辛苦的时候到了。

　　一块盐田每隔一两年总会面临翻修，这是一项大工程，只能由人工完成。盐井留下了这样的传统，女人们互相帮忙，不收费用。即使翻修的是别人家的盐田，但是大家也一点不惜力。

　　被雨水稀释的卤水不可能晒出桃花盐，4月转眼间就要过去了，对这里的人们来说，宁可辛苦一些，也不愿错过这个收获的季节。

修建盐田的松木

　　修建盐田所需的材料全部来自大山，修建盐田的石块和砂土都是就地取材。支撑盐田的木头是当地有着30年以上树龄的松木，当地人用高山松木搭建起了一个个不大的晒盐台，这种台子和南方的吊脚楼有些相似。因为晒盐的水源是附近的卤水，而这里的高山松木正好可以抵抗卤水的腐蚀。和江边的盐泉一样，这些高山松木也是高原赐予盐井人的礼物。

连下了 5 天雨之后，盼望天晴的人们有了回报。

在阳光和澜沧江峡谷的和风吹拂之下，盐田正发生着微妙的变化。水分一边快速蒸发，一边渗透过盐田。木架下形成了空心的盐柱。

大片盐田开始结成盐晶，表层这一片片肉粉色的盐花就是珍贵的桃花盐。

次仁玉珍用辛勤劳动把盐变成了一件艺术品。

达美拥雪山和澜沧江的陪伴，给了芒康盐井独特的气候和资源。

桃花盐，如此浪漫的名字，此刻却成了一生辛劳的象征，因为本可以像桃花一样美的女人们，却只能用一生的辛劳和智慧养育这片土地。

芒康晒盐场

德国陶罐煮盐

从德国北部的维尔小镇发现的陶片解开了德国人久远的制盐工艺。在古代，靠近海边的德国人也将海水装入陶罐中，在火上加热、蒸发，来提取其中的盐分。

不仅仅是3000年前的维尔人已经会煮盐，全世界的人类在远古时期都先后学会了制盐。最早文字记载，中国人大约是在神农氏（炎帝）与黄帝的时期开始煮盐，当时的中国人也是用海水来煮盐。

史前制盐历史的证明

　　在维尔小镇，有这样一座小小的家庭博物馆，它里边收藏着很久以前人类生产盐的秘密。一些陶片，正是解开秘密的钥匙。

　　莱丁格尔生前是一名药剂师，同时是一名痴迷的考古爱好者，1963 年，他在维尔镇的一处建筑工地发现了许多碎陶片。经过推断，它们埋在地下至少已经 3000 年，但没人知道它们究竟是做什么用的。

　　直觉告诉莱丁格尔，这些小小的陶片很可能会改写德国乃至欧洲的制盐历史。这个想法让他兴奋不已，他把所有的业余时间投入接下来的探索与研究中。

家庭博物馆　　　　　　　　　　　　　　　出土的陶片

莱丁格尔

莱丁格尔的妻子

莱丁格尔夫妇工作现场

莱丁格尔的妻子卡尔维克一开始只是给莱丁格尔做助手，渐渐的，也一起加入自发的考古和研究中。

这场旷日持久的私人自费考古持续了40多年，在卡尔维克的回忆中，莱丁格尔每天五点半就起床了，他会骑数千米自行车去镇上的建筑工地上转悠。

莱丁格尔相信可以依靠这些碎陶片重建文字缺失的历史，他逐渐复原出陶罐和支架。他确定，这些陶器只有一个用途，那就是生产盐。

莱丁格尔夫妇通过努力，复原出了3000多年前人们利用陶罐煮盐的生产方式。

维尔镇档案馆保存的1708年的继承法令

1708 年的继承法令

在维尔镇档案馆保存着 1708 年的继承法令，上面有对继承盐矿开采的解释。这些文字记载证明，在 17 世纪，制盐业曾经给维尔镇带来了巨大的财富。连同这个城市中最后保存下来的制盐遗迹，这些物件一起重现了欧洲制盐的历史。

茶卡盐湖

中国青海盐湖

距离中国青海省会西宁大约300千米处，无边的湖水倒映着天和云，这个湖被称为"天空之镜"。它就是茶卡盐湖——一个盐的世界。

站在盐沼之中，眼前亮晶晶的、闪动着的不是冰，而是盐。夜晚，气温降至冰点，湖面上能见到满天星宿倒影闪闪发亮。

茶卡盐湖

茶卡盐湖的别称是达布逊淖尔。"茶卡"是藏语，意即盐池，也就是青海的盐；"达布逊淖尔"是蒙古语，也是盐湖之意。

茶卡盐湖位于青海省海西蒙古族藏族自治州乌兰县茶卡镇。这里湖水极浅，大部分地方深度不足10厘米。湖底盐白如雪，平静的湖面在白色的盐晶体之上，天空和白云映照在平滑如镜的盐湖上。

沿小火车铁轨到达湖中心，站在盐湖上，低头间感觉脚下清凉细腻，伸手仿佛天空和云朵触手可及，亦梦亦幻，因此人们情不自禁地将其称为"天空之镜"。

皇帝也钟爱茶卡盐

茶卡盐湖不仅景色美，而且面积大，是柴达木盆地四大盐湖之一。茶卡盐湖有105平方千米，储量达4.5亿吨。

茶卡盐湖里的盐粒大质纯，盐味醇香，是理想的食用盐，而且含有矿物质，呈青黑色，所以人们也称之为"青盐"。

古代，乾隆皇帝特别喜欢茶卡青盐。清朝政府在乾隆二十八年（1763年）在此设立了盐务局，盐正式从私采变成了官采。

昔日，湖边的小火车是用来运送盐和盐工的。从20世纪40年代开始，盐工们开始从这里开采盐。只要揭开湖面上几厘米到几十厘米厚的一层卤盖，下面就是厚厚的盐层，这就是湖盐，是人类最直接的获得盐的方式。

据估计，茶卡盐湖的盐足以供全中国人民吃70年。这里的盐实在是太多了，所以人们找到了食用以外的乐趣。

今天，这里开通了主要用于旅游观光的小火车。很多游客慕名而来，观赏美景，临走时还可以带走一些盐花作为纪念品。

察尔汗盐湖

在中国青海，茶卡盐湖还不是最大的。在它的西面还有一个察尔汗盐湖，是中国最大的钾肥生产基地。

按照现在的食盐消费量，人类要用 10 个世纪，才能吃光这里的盐。但无论是茶卡盐湖还是察尔汗盐湖，相对于地球上盐的总量来说，都不过是小小的一把。

我们常说，我们的星球是一个水的星球，其实，我们的星球也是一个盐的星球。

"聚宝盆"柴达木盆地

柴达木盆地是中国三大内陆盆地之一，盛产铁矿、铜矿、锡矿、盐矿等多种矿物，被称作"聚宝盆""盐的世界"。柴达木盆地有四大盐湖，分别是茶卡盐湖、察尔汗盐湖、马海盐湖、昆特依盐湖。

察尔汗盐湖的钾肥生产基地

盐湖中的盐钟乳、盐结晶

盐，不管它以什么方式存在，聪明的人类总会有办法把它们采集出来。

在人类历史的大部分时间里，人们四处寻找盐，用智慧和汗水生产盐，长途奔波去贩运盐，以血和泪去争夺盐。

伴随着文明的进程，人与盐相生相伴。盐是一条绵长的时光丝线，它串结起来一个个人类命运的故事。

透过世界各国一粒盐的光影来折射国家命运的兴亡。

第二辑

国运

帕尔玛火腿

  说到火腿，不得不提到大名鼎鼎的意大利帕尔玛火腿，这种火腿是全世界最著名的生火腿。帕尔玛火腿色泽暗红，带云石纹理的脂肪，看上去就令人食欲满满，闻上去不仅有陈年的肉香，还有一些烟熏的气味。虽然是生火腿，但是可以直接食用，并且美味极了。制作帕尔玛火腿只取用后腿，在腌制前后腿还会被修整成梨形。火腿需要经过两次海盐腌制，海盐也是制作帕尔玛火腿唯一的配料。

古罗马盐业垄断

人们都知道盐的味道是咸的。可家住意大利切尔维亚的玛格里尼·雷蒂亚女士却喜欢用甜来形容盐的味道。她有一本关于盐的著作，书名就叫作《像盐一样甜》。

切尔维亚出产的盐确实有着独特的魅力。比方说，用这种盐腌制出来的帕尔玛火腿会产生一种其他火腿都无法比拟的味道。游客们切下一片生火腿就可以放到嘴里品味了，品味过后他们都会赞不绝口。意大利人则会自豪地说："世界上只有两种火腿，一种是我们的帕尔玛，还有一种是其他火腿！"

火腿店的老板说出了帕尔玛火腿如此美味的核心秘密：因为这里的火腿是用切尔维亚贵重的盐腌制的。因为这种盐风味柔和、质地绵软且有回甘，所以用这种盐腌制的火腿的味道比用普通盐腌制的火腿甜鲜一些。

切尔维亚盐

切
尔
维
亚
的
盐

　　切尔维亚这座城市里的很多事情都与盐有着亲密的关系。这种意大利人引以为傲的盐之花，就来源于切尔维亚的盐场。

　　《像盐一样甜》这本书讲的就是意大利的这种甜甜的盐，历史悠久，可以追溯到古罗马时期，作者玛格里尼·雷蒂亚是当地的学者，她同时任切尔维亚盐场的宣传专员，那些有关盐的历史，总会浮现在她眼前，凝结成她书里的文字。

意大利的"盐之花"

切尔维亚的盐又被称为"大主教的盐"。很早以前，切尔维亚便是意大利主要的产盐区，那个时候盐的生产由切尔维亚的主教掌控，所以切尔维亚的盐又被称为"大主教的盐"。那个时候，切尔维亚盐也是进贡给教皇使用的盐。

如今，切尔维亚盐不仅用于制作帕尔玛火腿，有着"奶酪之王"的帕玛森干酪也是用切尔维亚盐制作的。

帕玛森干酪

薪水钱

　　古罗马士兵们领取的军饷中有一部分就是食盐，那时候人们把它称作"薪水钱"，现代英语里薪水一词便是从盐这个词汇演化而来的。

　　那个时候，食盐等同于货币。古罗马人表示富有与贫穷，不看拥有黄金的多少，而是比拥有多少食盐。

　　盐是一种十分珍贵的物品，被称作"白色金子"。这种白色金子的历史总是与国家的历史和命运联系在一起。

古罗马的盐道

被称为"白色金子"的盐

在意大利古罗马斗兽场的门口，这些和游客合影的古罗马将士似乎在不断提醒着人们，古罗马帝国的辉煌是战争和武力换来的。

"条条大路通罗马"，这些通往古罗马的由国家修筑的官道，其实是一条条盐道，从罗马城一直延伸到亚得里亚海。

在这些盐道上，商人们赶着满载盐块的牛车，维护着强大的罗马帝国的运转。古罗马的军队正是借助盐的力量，从这些路上出发，去征服世界。岁月在路面上留下了的深深的痕迹，它无声地向我们述说着那段历史。

从某种意义上说，罗马也是一个由盐成就的帝国！

古罗马需要不断扩张，扩张就要进行战争。从公元前264年到前146年的一个多世纪里，古罗马和北非的强国迦太基为争夺地中海的霸权发生了三次大战。这使古罗马的财政捉襟见肘。

为了顺利扩张，国家这时候开始操控盐价，提高盐税，以支撑庞大的军费开支。

罗马帝国能扩张的因素之一是垄断了盐的生产和贸易。当权者明白，盐的贸易和生产是帝国经济的根本。

到处建盐场的古罗马人

对于罗马人来说，盐是帝国建立过程中不可缺少的功臣。出于对帝国扩张的需求，罗马人到处建盐场，在遍布意大利半岛的海岸、沼泽地和盐泉建立盐场，他们还夺取了希腊的盐场。总之，他们的领土扩张到哪，盐场就建在哪。高额的盐税帮助古罗马人取得了战争的最后胜利，从而成就了一个横跨欧亚非三大洲的帝国的辉煌。

从这些建筑遗迹依稀还能看到古罗马的辉煌

公元前 27 年，罗马共和国宣告覆亡，从此古罗马进入了奴隶制帝国时代，而盐无疑是这个帝国扩张的基石。

罗马帝国在意大利以及其他占领的土地上实行盐类生产垄断，并对盐的贸易也实行了垄断政策，规定了销售盐的路线。

古罗马斗兽场遗址

当然，这些已经是很古老的故事了，不过这些古老的故事也勾勒出盐对古罗马的重要性。

腌橄榄

盐的美味

当然，除了靠盐扩张领土，盐还是维系古罗马人生活的重要组成部分。他们喜欢用盐腌制各种蔬菜和肉类，于是种类繁多的腌菜如火腿、香肠、腌鱼、腌橄榄等都是他们餐桌上常出现的食物。

2000 多年前，古罗马帝国有一个平民出身的政治家、农业学家马尔库斯·波尔基乌斯·加图，他写了一本书《农业志》，里面就记载了用盐腌制猪肉的具体方法。

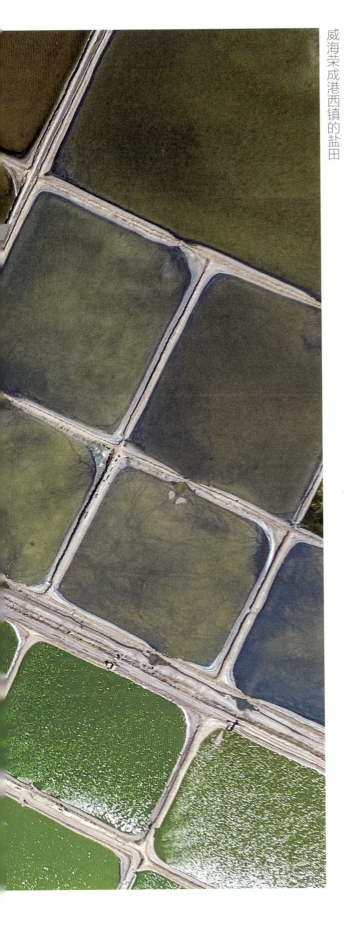

威海荣成港西镇的盐田

世界上已发现的最早的官营制盐遗址

在遥远的东方，国家又是从什么时候开始垄断盐的呢？

位于亚洲东海岸的中国山东省，被考古学家称为亚洲最古老的海盐产地。

在山东，很容易发现当地人确实对酱菜情有独钟。说起酱，大葱蘸酱是几乎所有山东人最喜爱的食物，酱、酱油、酱菜以及各种酱制食品几乎家家必备。

许多蔬菜，在这里与盐相遇，经过一段时间的腌制，就变成了美味的酱和可口的酱菜。盐不仅有杀菌的作用，而且它的咸与食物中分解的氨基酸融合在一起，形成能激发味蕾的美妙味道。

酱黄瓜

　　酱以及酱菜虽然廉价，但在中国北方地区的确是盐的绝佳作品。无论是维持生命还是改善食物的味道，盐都不可或缺。

　　其实，中国的酱菜可分为北味与南味两大类。北味酱菜口味偏咸，南味酱菜口味则偏淡偏甜。扬州酱菜具有鲜、甜、脆、嫩四大特点，在国内外享有很高的声誉。扬州市最有影响力的三和四美酱菜始创于清嘉庆二十二年（1817 年），拥有 200 多年的辉煌历史及荣耀。清代时，扬州酱菜被列为宫廷御膳小菜。

盐始终是酱菜不可分离的伴侣

做酱菜毫无疑问离不开咸味调料——盐。

人们先把新鲜的蔬菜用盐腌渍为咸菜坯，再用清水浸泡或者用压榨的方式把咸菜坯中的多余盐分拔出，然后再用黄酱或酱油等进行酱制，经过一段时间发酵后，酱菜便做成了。

在中国，酱菜是很受欢迎的，它不仅能满足人们对咸鲜味道的需求，而且酱过的菜比起新鲜的蔬菜更容易保存。

酱菜

山东莱州湾盐区

双王城盐业遗址群

追溯中国的历史，最早从商代开始，盐逐渐成为国家的命脉。

2008 年，考古学家在山东省寿光市北部双王城水库陆续发现商周盐业遗址群。盐业遗址群位于渤海莱州湾南岸，这里处于中国面积最大的鲁北盐碱滩涂地，地下卤水的含盐浓度之高，是全国仅有的。

双王城盐业遗址群是国内发现最早的海盐制造遗址，这个遗址群在今天的山东省寿光市北部双王城水库周围，面积达 30 平方千米。有卤水井、蒸发池、蓄水坑及煮盐用的大型灶台，估测每次能生产约 5 万斤食盐。

煮盐的陶器

3000 年前在德国维尔小镇发现了煮盐的陶片。在中国双王城盐业遗址群，人们同样发现了与盐有关的陶器。这些陶器看着像陶锅，底部却是尖形的。造型有点像用来提水的水罐，却又没有穿绳子的耳朵。陶器里边还发现了附着其上的一层白色的沉淀物。得近海之利的山东莱州湾，盛产海盐。人们推测，这是商代的煮盐工具，而白色的沉淀物则是盐。

紧接着，一个又一个的盐业遗址被发掘出来。这里面有煮盐的盐灶、存卤水的盐井，还有盔形器。

　　除了器皿，这里还有大量古代制盐的其他遗迹，包括保留完整的制盐作坊、蒸发池、盐井、盔形器等。

　　每个盐灶有 40 多平方米，能放 200 多个盔形器。这么大规模的产盐，由此可以断定当时盐业生产是国家政府控制的。

考古人员在发掘

从双王城盐业遗址现场出土的商周时期盔形器

双王城盐业遗址里的盐灶与盔形器

制盐工艺的推断

　　结合蒸发池、盐井等的发现，考古学家推断出了这个地区的制盐工艺：人们以地下卤水为原料，把卤水置于蒸发池，利用风吹日晒以提高卤水浓度，浓度高的卤水再放入蒸发池旁边的储卤坑，用温火慢煮，让水分在陶锅里蒸发，等到陶锅里的卤水凝结成盐后，取出盐饼，碾磨成颗粒盐。

也许，我们可以试着还原一下 2000 多年前的一个场景：此时，正是一年中少雨的时节，强劲的西风吹拂着水面，伴着阳光的照射，海水快速蒸发，这个时节正是海盐生产的旺季。

这时，一个从国都发出的诏令让盐民们立即停下了手中的活计。诏令说，一年之中，在最好的煮盐季节里，民间不得私自煮盐。凡民间煮盐将由国家统一收购销售，否则就视同走私。此后，国家慢慢把海边的盐民组织起来，扩大生产规模。

这片大规模的盐业遗址群生动地向我们诉说了，在古老的东方，2000 多年前，盐已经作为稀缺资源被国家控制起来了。

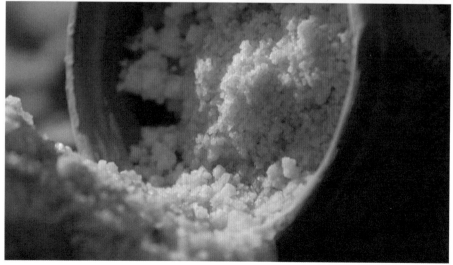

2000 多年前煮盐的盔形器

从远方运来的木柱

　　考古专家还在双王城盐业遗址群发现一些细节，从土层的痕迹看，每个灶都有由几个木柱撑起来的顶棚，而这些木柱的直径很粗，大概有35厘米，专家断定这些木柱在海边不可能有，一定是由官府下令从很远的地方运过来的。这更说明，由国家控制这里的盐业生产这个结论不是随意得出的。

靠海的齐国，被称为"海王之国"。齐国就在今天的山东省。

春秋时期，齐国的国相管仲为了将本国丰富的海盐资源转换为国家收入，推行了一系列民产、官收、官运、官售的食盐政策，食盐官营自此开始。管仲也成为盐专卖的创始人。

后来，秦朝商鞅变法，实行国家盐铁专卖政策，从生产到出售，盐业彻底属于官方运营。

盐税保证国家的财政安全

必须由官方运营盐业的因素有很多。民以食为天，食以安为先，食盐安全关系到食用者的安全。如果不进行管控，不合格的盐流入市场，人们的健康就会受到威胁。如果价格不统一，乱定价格，导致盐价过高，普通老百姓可能会吃不到盐。最重要的是，人人都要吃盐，食盐消耗量非常大，买卖盐产生的税收是国家重要的收入来源，能在一定程度上保证国家的财政安全。

古法制盐

克拉科夫

波兰的盐垄断

　　克拉科夫是波兰前首都，始建于公元 700 年，曾经是波兰的政治经济中心。

　　在克拉科夫，有个地方第一批被列入联合国教科文组织的 12 个世界文化遗产之一，这是个很特别的景点，就是维利奇卡盐矿。来克拉科夫的游客一定不会错过这个景点。

　　在这个盐矿，光教堂就有 40 个，其中最壮观的一个则是圣金嘉礼拜堂。

　　沿着陡峭的楼梯和长长的巷道行走 20 分钟，就会来到一

个气势恢宏的大教堂，这座高 10 米、长 54 米、最宽的地方有 18 米的宏伟建筑，不是盖在地面上，而是位于距离地面 101 米的地层深处。

地板上带有花纹的方砖。

从穹顶上垂下来的如宝石般晶莹剔透的枝形吊灯。

达·芬奇的《最后的晚餐》。

两米多高的圣母像，还有圣经故事浮雕……这些都是用盐雕刻而成的。

以公主名字命名的
圣金嘉礼拜堂

传说，圣金嘉礼拜堂是以一位聪明善良的公主命名的。

在很久以前，一位匈牙利国王将爱女金嘉公主嫁到波兰，公主向国王提出要一座盐矿作为嫁妆。因为当时波兰没有盐矿，善良的公主为了波兰人能吃上盐，提出了这个要求。国王答应了公主的要求，公主把手指上的戒指抛向了匈牙利的产盐胜地马拉穆勒斯盐矿。公主嫁到波兰后，让人去波兰维利奇卡开矿取盐，让人不可思议的是，波兰人真的在维利奇卡挖掘出了盐，人们在挖到第一块盐的时候还同时发现了公主的戒指。从此，波兰也成了有盐的国家，为了纪念金嘉公主，人们便把这个教堂命名为圣金嘉礼拜堂。

圣金嘉礼拜堂

盐雕

维利奇卡盐矿的盐雕

盐矿里有各种不同的盐雕，这些精致的如艺术品般的雕刻，都是由人工雕琢而成。

它们竣工于 1890 年，由 3 名矿工花费了 67 年时间，在厚厚的地下一镐头一镐头凿出来的。每一件雕塑作品都不是雕刻完工后再安置上去的，它们自始至终都与整个盐矿连在一起。

地下盐矿的房间

这座盐矿真是太大了，它一共九层，最深处达327米。巷道总长近300多千米，拥有2400多间房屋，支撑这些巷道的木材就用了100多万立方米！

这里开辟出餐厅、邮局、电影院，还有盐屋疗养院。19世纪初，波兰的盐工业学者惊奇地发现，曾患有肺病和哮喘病的矿工，经过几年的盐洞工作后，竟奇迹般地不治而愈了。就这样，世界上第一个"地下肺病治疗中心"在盐矿里成立，这种"盐洞"疗养方式一直保留到今天。

直到今天，为了保持盐矿内部的干燥，人们依然每年从这里开采出 15000 吨盐。

在今天的波兰，有一道有名的传统食物叫毕高斯，毕高斯在波兰语里是把所有的东西混在一起的意思。中世纪，波兰人的餐桌上就有了毕高斯，现在已经成为波兰最具代表性的菜肴之一。

波兰人有一句谚语，"即使只有两个波兰人，也会有三种毕高斯的做法"，话虽有点夸张，但形象地形容了几乎每个波兰人对于这道菜都有自己的烹饪方法。其中加多少盐，加哪种食材，都成了左右味觉的方式。

是的，制作这道酸菜必不可少的就是盐。发酵变酸既能让白菜储存得更久，而盐的加入又能给白菜增添咸鲜的口感。

在波兰，很多人烹饪毕高斯时用的都是维利奇卡盐矿产出的盐。

东西方都喜欢的酸菜

毕高斯是一种用不同的肉和香肠做成的炖菜，这道菜的做法就是把腌过的酸白菜和肉类混在一起炖。酸菜是这道菜的灵魂。

而在遥远的东方，为了能在漫长的冬日吃上蔬菜，人们同样也会用盐腌制酸菜。秋末冬初，农历十月左右，我们国家的东北人民开始买大白菜腌制酸菜了。腌制好的酸菜可以制作出各种各样的美食，如酸菜饺子、酸菜炖粉条、酸菜鱼、酸菜肥肠、酸菜排骨、小炒酸菜等。

酸菜饺子

波兰维利奇卡盐矿

据说，在 14 世纪时，维利奇卡盐矿出产的盐纯度达到 95% 以上，很多欧洲贵族甚至直接食用它。

这些盐是属于一代又一代的波兰君主的。

那个时代，盐价很昂贵。盐矿就好像是一只会不断下出金蛋的母鸡，波兰王国超过 30% 的收入都是这只金鸡生出来的。中世纪波兰王国在欧洲的崛起完全依靠维利奇卡盐矿的支撑。

维利奇卡是个古老的官营盐矿，几百年后，这个盐矿采出的食盐变成了波兰人餐桌上的普通食盐。

相信今天的波兰人在品尝着用维利奇卡盐烹制出来的美味的时候一定不会忘记这座盐矿曾给波兰带来的辉煌。也不会忘记那些耗尽一生在潮湿黑暗的地底下把巷道雕刻成艺术宫殿的矿工们……

羊舔盐

汉武大帝的盐帝国

　　中国新疆南部的温宿古盐山，清晨 7 点钟，村民会在山上敲下一块石头，这已经成了附近村民们生活中的惯例。

　　自家喂养的羊经常舔食着的这些敲下来的石块，当然这些石块不是普通的石头，而是带着咸味和各种矿物质的盐块。

　　冬季，羊群舔食盐块能增强食欲、抵御风寒。而出产这种岩盐的山就是中国新疆南部的温宿古盐山。

温宿古盐山

　　温宿古盐山，是中国唯一一座盐石矿山，我们能看到这样的盐喀斯特地貌景观，因为混有泥沙，盐晶体呈现棕红色，形态嶙峋，仿佛尖刀。由于常年雨水的浸润，盐山内部形成了特殊的盐洞奇观，钟乳石形状的盐花悬挂在不到一米高的洞穴深处。

　　这座盐山所在位置曾经是上亿年的海洋，这里蕴含着300亿吨盐，保守地说，一人每年消耗5千克盐，全世界60亿人，一年消耗300亿千克，那么这座盐山开采出来的盐足够全世界人吃1000年。

烤馕

随着震耳欲聋的爆破声，巨大的盐块滚落山崖。这些盐块随后将被送进盐厂粉碎，然后加工成精盐，作为工业用盐或食用盐。

在新疆人的美食中，取自盐的美味更纯粹。烤馕，只需在和面的时候加上点盐，不需其他任何调料，就形成了烤馕咸香酥脆的质感。

可以一日无菜，不可一日无馕

在新疆，当地广泛流传着"好厨子一把盐""可以一日无菜，不可一日无馕"等俗语，从俗语就可以看出盐与馕在新疆人心中的地位！

"馕"，由波斯语音译而来，意为面包。馕是一种圆形面饼，先以面粉发酵，揉成面坯，再在特制的火坑（俗称馕坑）中烤熟。流行于新疆等地，已经有2000多年的历史。

温宿盐山

温宿盐山上的盐块

新疆温宿盐山由红褐色的巨大山体群组成，盐层厚度达400米，起伏绵延逾百千米，有着中国乃至全世界独一无二的奥奇克葫芦状盐丘底辟构造。

它不仅是世界上罕见的大型盐矿，还是一处特殊的自然风景奇观。现已和附近的阿奇克苏大峡谷一起，建立了"温宿盐丘国家地质公园"。

盐丘

在地质学术语中，温宿盐山被称为盐丘。盐山原本是产在地层中的岩盐层，在地下较高的温度和压力条件下，岩盐形成巨大的丘状盐体，甚至冲破顶部岩层的束缚，像火山一样喷涌溢出，地质学用了"底辟""刺穿"等术语来形容这种作用。

盐丘

上千年的古盐田

今天，人们可以轻易获取的盐，在过去，盐却无比珍贵。

在中国盐业专营体制下，开采和生产多少盐，盐的定价是多少，是由国家说了算。这个制度从汉代就开始了。

众所周知，真正让汉代繁荣稳定的皇帝是汉武帝，他外击匈奴，内平战乱，使汉朝在政治上达到顶峰。除此之外，还有一个让汉朝强大的重要原因就是盐。

古法熬制卤水成盐

传说中华第一战因盐而起

因盐而引发的战争，在汉代绝不是第一次。在古代，为了争夺盐，引发过无数场战争。

早在上古时期，黄帝、炎帝与蚩尤展开的中华第一战，就是为了争夺运城盐池控制权。最终，黄帝和炎帝战胜，占有并控制盐池，他们也成为中华始祖，部族也日益强大。

由于盐水形成的"浊卤"与"涿鹿""逐鹿"读音类似，后人把祖先争夺盐池的战争称为"逐鹿中原"，这个词语也成为战争的代名词。

在古老的汉字文化中，繁体字盐是这样解释的：大臣在一边监视，人在不停地搅拌卤水，下面的火上架着煮盐的器皿。

鹽

汉武帝时期，国家对盐的垄断到了最严苛的程度，在盐铁专营之前，盐价大约是每石 300 钱。盐铁专营之后，盐价涨了 3 倍多。国家专营之下，帝国财富滚滚而来。

公元前 119 年，国库充盈的汉武帝发动了对匈奴决定性的漠北战役，彻底击溃了匈奴。

盐当药吃

　　朝廷对盐的完全垄断导致食盐的价格波动性很大，如果政府需要增加财政收入，就会抬高盐价，甚至高得让老百姓承受不起。一些生活在底层的老百姓可能好长时间都吃不上盐，长期没有盐的摄入，身体便会发出警告，当身体状况很糟糕的时候，老百姓才会去官府买一点点盐，把盐当作药吃。

古代熬盐

汉武帝北伐匈奴，西击大宛，南灭百越，东征朝鲜，靠的就是盐业专营这个巨大的财政收入来源！

然而，这也相当于把百姓的血不断抽取到帝国的肌体里。

晚年的汉武帝深刻地意识到了这一点，公元前 89 年，68 岁的汉武帝怀着愧悔，颁发了《轮台罪己诏》。这是中国历史上第一个记录在案的皇帝"检讨书"。

当帝国成长为一个巨人的时候，它的人民却干瘪憔悴、奄奄一息。汉武帝晚期，这个在世界版图上光芒耀目的帝国，却已经到了民不聊生、暴动频仍的境地。

著名的《盐铁论》

西汉后期，帝国管理者的不同利益集团也同时看中了盐。

这一天，有两个人都坐立不安。

一位是提出盐业专营政策，多年来独掌盐权，提出盐铁专营的理财大臣桑弘羊；另一位便是反对盐铁专营，倡导无为而治的霍光。

公元前87年，汉武帝去世前作了托孤的安排。他任命理财大臣桑弘羊为御史大夫，同时任命霍光为大司马、大将军，要他们共同辅佐年才八岁的昭帝。

公元前81年，霍光全从国各地找来了60多位能言善辩的贤良，就盐铁专营政策与桑弘羊展开了一场大辩论。

霍光及贤良们批评盐铁专营是国家与民争利，造成民生凋敝，而桑弘羊则提出了一个中国历史挥之不去的谜题——假如没有国家资本的垄断经营，中央集权如何维持？帝国的力量又来自哪里？

这次辩论会历时5个月，双方各执己见、难分高下。

30年后，会议记录被整理成一本书。这本书就是著名的《盐铁论》。

桑弘羊提出的盐业政策成就了汉武帝的霸业，但他本人却招致广泛的仇恨。有人咒他说，如果能把桑弘羊煮了，老天马上就下雨。这话还真是一语成谶，最终这位叱咤风云的历史人物真的被他的政敌霍光以"篡权谋反罪"扔进了大锅中烹煮而死！整个家族也被全部诛灭。

盐之争，实际上，是掌握国家命脉之争。

天下之赋，盐利过半

唐朝前期，即安史之乱之前，政治安定，经济持续发展，百姓安居乐业，政府对盐业实行低税甚至无税政策，盐价非常低廉。

安史之乱后，为缓解经济压力，政府对盐业进行改革，改食盐"官收、官运、官卖"为"官收、商运、商卖"，统一征收盐税。

相对之前的盐政，兼顾了商人的利益，做到"官商分利"，调动了盐商的积极性，促进了食盐的生产、销售。

"天下之赋，盐利过半。"盐利不仅使唐朝国家军队的军饷有了保障，而且整个皇宫的开销和朝廷官员的俸禄也从中支取。

古代海盐生产场景

路易十四因盐被推上断头台

今天，法式牛排作为西餐的代表美食之一，风靡全世界。然而很多人不知道，烹调这种牛排的关键佐料却是一种特殊的盐。牛排煎好的时候与其他牛排并没有什么不同。但是当你在上面撒上这种盐，无须再经过任何处理，便会发出一种奇异的紫罗兰香味。

这种神奇的盐出产在法国的盖朗德。

1千克盖朗德盐的售价居然相当于600元人民币，是普通的盐价格的十几倍。

独特的自然条件成就独特的盐

　　在美食界，人们把法国的盖朗德盐称为食盐中的"劳斯莱斯"，很多美食家对这种盐有种执念，认为有的食物一定要用盖朗德盐才能让食物的味道瞬间升华。为什么盖朗德盐会成为食盐界的至尊？这与盖朗德的自然条件分不开。盖朗德位于法国西北布列塔尼半岛，地中海暖流常年经过，即使是在夏季也经常有强烈的东风，利于水分的蒸发，这里拥有温和的气候和充足的阳光，而这些恰是生产优质食盐的先决条件。

盖朗德盐田

盖朗德盐

有限的采收时间

盐之花非常任性，每年仅有6月至10月可以采收。与普通海盐的快速浓缩制法不同：它的形成条件非常苛刻，在水温达到37摄氏度，且微风吹拂的时候，盐之花才会成形，并且在傍晚温度降低之前要采收完毕，不然已成形的盐花会回溶至水中。收集起来的盐花人们还会进行反复过筛，筛选出中空的金字塔形状的盐，只有这样的盐才符合标准，才能送入高级的餐厅。

采收盐之花

上午11点是一天中阳光最佳的时间，这个时候盐水的温度可以达到37摄氏度，卤水迅速蒸发，池面形成了半透明的白色结晶，宛若薄冰，因此得名"盖朗德盐之花"。

漂浮在盐田上的盐之花特别脆弱，极易受到露水的侵袭，所以必须赶在热气雾化前采收。

这是一种非常容易粉碎的盐，产量很少，一整个盐池，每次也只能采到大约2千克的这种盐。所以盐之花是无比珍贵的。

盐之花

为什么要雇佣少女采盐

在盖朗德，盐场主们通常会雇佣当地未婚的少女来采收盐之花。为什么少女才是采盐的理想人选呢？

一方面是因为盐之花极其脆弱，一个不小心就会碎裂，所以需要采收的人格外小心。一般来说，少女动作轻柔，做事细致，能减少盐之花被破坏的概率。另一方面，少女们未经世事，更为纯洁，而这份纯洁和盐之花纯美洁白的特性相互匹配，所以少女是盐场主们心仪的采收人选。

采盐的人们用山毛榉木制成的盐耙小心翼翼地打捞起盐之花，放进木轮车里，待盐里的水分自然沥干之后，无须再精制，也不用清洗，就可以装袋上市了。

　　过去，采盐收入一直是盖朗德女人们唯一的生活来源，她们用赚得的钱来添置自己的嫁妆，因此"盖朗德盐之花"又被赋予了一个更加诗意的名字——新娘之盐。

打捞盐之花

盖朗德盐场

如今，盖朗德的盐场归私人所有。

但在法国历史上，从路易十四到路易十六时代，像盖朗德这样的盐场都归法国皇室所有。

从法国王朝直到大革命期间，准确来说是从路易六世起，国家控制了盐的生产和售卖。

在那个时代，法国所有的盐价和盐税都是皇室说了算。皇室利用得到的财富大兴土木，皇室膨胀的胃口也使盐税越来越重。

盐，可以增加国家的财富，但也有可能将一个国家和君主推向另一种命运。

有一幅特殊的法国地图，被不同的颜色分成六块，代表着按照缴纳盐税的不同比例划分出来的不平等的盐税区。

巴黎盐税有多高？

当时，尽管巴黎的人口只占法国人口的 1/3，盐的消费量只占全国的 1/4，却需要缴纳全国总盐税的 2/3。随着高税收，上涨的不仅是盐价，肉价、奶酪价……几乎所有的食物都涨价了。

巴黎距离产盐的地方和大海实在是太远了，因此巴黎盐价是盐产地盖朗德盐价的 20 倍甚至 25 倍。

盐粒

路易十六

被送上了自己设计的断头台

　　人们总是把路易十六描绘成这样的形象：专制君主、暴君、不理朝政、生活上奢华糜烂，挥霍无度。他每天都沉浸在设计锁头或者其他机械装置中，他还改进了断头台装置。原来的断头台不能一下置人于死地，他就把原本与地面平行的刀口改成斜口。这样的刀落下来的时候，斩头更利索。

　　路易十六没想到的是，有一天他自己被送上了断头台。据说这位皇帝并没有像人们估计的那样怯弱慌张。也许在人生的尽头他才有机会思考自己的一生，面对自己设计、改进的断头台，他表现出了令人惊讶的平静。

当巴黎的人从外省回来时，都需要经过一个哨所，如果携带了盐，就需要向哨所缴税，哨所的士兵才会放他回城。

为了逃避高额的盐税，有的人会把装有盐的包裹从城墙外面扔到城墙里面，这样这些盐就不用交税了。

高昂的盐价，迫使越来越多的人铤而走险，加入贩卖私盐的营生。

每年都有超过 3000 人因走私食盐被处以死刑。

暴政带来了暴力反抗。法国西部，四万武装起来的农民高喊的口号中便有一个是："没有盐税的国王万岁！"私盐引发的社会矛盾加速了法国大革命的到来。

法国国家档案馆里保存着一本路易十六的日记。就在人民攻占巴士底狱那一天，路易十六在日记上写道：今日无事。

不过，在 1793 年 1 月 21 日路易十六终究被送上断头台。当宣布国王被处决了时，群众欢呼声一片。路易十六为法国历史上唯一被处决的君主，其死亡宣告了法国君主制的终结。

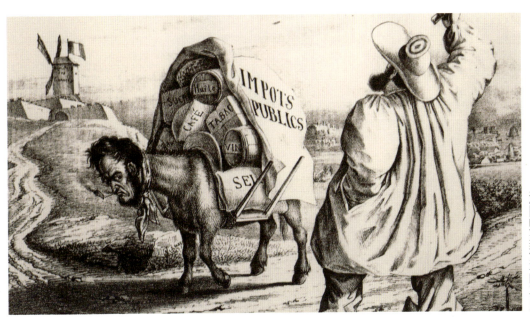

法国贩卖私盐的写照

盐，在餐桌上，调拌着人们的饮食，在历史上，搅动着世界的格局。

现在，中国政府已经取消食盐专营，实施了 2000 多年的盐业垄断已然成为历史。盐的发展，在越来越注重健康的今天，成为人们衣食住行的一部分，和人们的生活联系得越来越紧密。

流走的是岁月，流动的是历史，只有盐沉淀下来，默默地向我们讲述着一个个被腌制过的故事。

盐，这个微小而平凡的晶体，穷尽力量变换着各种形态，贮存在地球上。

第三辑

生存

印度沙漠一家人制盐的艰辛生活

卡拉古达村位于印度西北部的达萨达沙漠边缘，村里的人们祖祖辈辈都以制盐为生。

一位老汉名叫吉布·普拉萨德，他是一家之主，眼前遇到的巨大麻烦使他不得不求助神灵的帮助。

这是 5 月的最后几天，6 月的季风即将来临，那些风会带来大量的降雨，那个时候沙漠将变成汪洋，他家的盐田也将被雨水冲毁。

盐粒

吉布·普拉萨德

他家辛苦劳作了一年制出的盐却依然像一座座小雪山一样，堆放在盐田里。哪怕他家所有人都出动，也无法在几天之内把这些盐收完，再把它们装上盐商的卡车去换取全家的活命钱。然而，眼看着时间来不及了！

大雨来临之前，他们必须得把盐收好，交给盐商，否则他们一年的辛苦都要付之东流了。

每年 6 月至 10 月是印度的雨季，印度达萨达沙漠会变成一片泽国。

10 月过后，季风带来的雨季结束，强烈的日照使雨水蒸发，沙漠又显露出本来的形貌，这里就迎来一年中最热闹的日子，附近村里的数百个家庭的男人带着他们的妻子和孩子坐上了卡车，携带着简单的生活用品，在沙漠中晒盐的地方附近搭起了帐篷。

为了制盐，他们将在这里住上几个月。吉布一家祖祖辈辈维持生计就靠在这片沙漠中晒盐，这么原始的方式恐怕在世界上其他地方很难找到了。

吉布和大儿子先在荒漠中开辟新的田垄，再依靠自己的双脚踩实地面，这样制出的盐才更纯净，不搀杂质。踩完以后他们将地下卤水抽取到已经开垦好的块状盐田中，之后的大把时间就交给日光了。

季风吹拂，烈日曝晒，自然的力量一点点地将卤水蒸干。

温度越高，卤水浓度越高，晒出的盐粒就越大，晶体就越纯。

吉布和大儿子

被时间追赶的印度盐农

在印度，不少农民会在雨季结束后来到沙漠边缘，用几个月的时间，挖开炙热、龟裂的土地采集盐水，垒池晒盐，而且必须赶在下一个雨季来临前结束收盐。否则，这些辛苦劳作几个月的盐田会在雨季到来之后被冲毁，变成一片汪洋。

吉布家的盐装车运往工厂

一年的辛苦劳动结束后，吉布家收获了又大又白的盐粒。村里的其他人已经陆续收完盐，把盐卖给了盐商，拿到了劳动所得。但是吉布家的盐田多，干活的人又少，因此还有像小山一样的盐没有收。

按吉布的判断，估计两三天后雨季就来了。一旦下雨，盐的质量则会受到很大的影响，这样的话盐是卖不上价钱的。

为了能在雨季到来之前收完盐，吉布考虑了好久，才下决心雇了几名小工来收盐。虽说这要多出一笔费用，但总比让自己的劳动成果打了水漂要强很多。

请了小工，花了将近全部收入五分之一的钱，一天就可以收完所有盐。如果不请，万一盐收不完，剩下的盐都泡了汤。

吉布家的盐终于赶在了雨季前收完，吉布终于放了心。

盐民收盐

盐田劳作的印度妇女

看似可以机械化规模生产的制盐产业，在印度这个偏僻的沙漠地带，最终还是要靠人们的双手。

确实，在世界上大多数地方，大型的机器早已取代这种原始的手工制盐方式，但吉布和同村的盐民们似乎并没有想过要改变什么。

手工晒盐这种方法吉布还是跟爷爷学的，爷爷的爷爷也是这么干的，吉布理所当然觉得自己还得这么干。

印度盐民

辛苦的盐民

　　高温暴晒、盐分侵蚀，在晒盐的季节，终日劳作的盐民每天都需要面对这样的挑战。日复一日地在太阳底下工作长达十几个小时，基本没有休息的时间。

　　从晒盐到收获，全程赤脚。一旦双脚受伤，盐水的浸泡和腐蚀，令盐民每走一步都是煎熬，但是也不得不把脚踏入盐田。

　　尽管劳动过程单调又辛苦，但是盐民为了生存，不得不选择来到这里。

孩子在盐田玩耍

吉布的孙子们却将这里看作是天然的乐土，像雪地一样洁白的盐场就是孩子们的游乐场，这是孩子们一年中相对开心快乐的时刻，因为他们既不用上学，忙碌的父母也腾不出时间看管他们。

吉布的儿媳为大家准备了午餐——咖喱摊饼，这些食物是印度的传统饮食，也是吉布一家餐桌上常见不过的食物。

吉布家一年的收入尘埃落定。此时，吉布的内心又像被掏空了一样。一年的辛苦挣来的收入也仅够支撑他们一家人基本的生活开支。

和其他人家一样，吉布的盐最终被运送到工厂，经过现代化加工，成为印度餐桌上平凡又不可或缺的调味品。

几个月后，一家人还会回到这里，制造他们引以为傲的"世界上最洁白的盐"。

循环往复，这是他们的生存方式，与盐泽融为一体，恒久不变。

印度盐民

最辛苦的工作和最低廉的报酬

盐民的工作非常辛苦。这种辛苦，不仅来自高温下长时间的劳作，更因为要计算和掂量那低廉的盐价。如果他们做出的盐质地不够好，盐的结晶不够大，在卖给盐商时，盐的价格会被压得很低，这样一年的收入就会少很多，刨除一家人一年的花销，可能这辛辛苦苦几个月就相当于白干了，这种压力也会让盐民战战兢兢。

盐水湖

玫瑰湖与大海的距离实在是近，仅有几百米的距离，所以，来到这，你会看到一边是碧蓝色的海水，一边是粉红色的湖水，让人不得不感叹这大自然的杰作是如此独特。

玫瑰湖是一个盐水湖，每升湖水中含80～300克盐。从含盐量来看，玫瑰湖水的含盐浓度是不亚于死海的，所以，平躺在玫瑰湖上的人也是不会沉下去的。不过，和死海相比，玫瑰湖的面积要小得多，只有3平方千米左右。

玫瑰湖

沙漠拉力赛

采盐的雷布人

达喀尔汽车拉力赛的终点在西非塞内加尔的达喀尔。

从巴黎出发的拉力车队经过几千千米的长途跋涉，横渡地中海，穿越撒哈拉大沙漠，才能到达大赛的终点。

然而就在沙丘的另一边，却是一个截然不同的世界，这里有一个湖泊，是大西洋东岸的佛得角的玫瑰湖。这是一个粉红色的椭圆形湖泊，它宁静地安卧在金色的沙漠之中。

很少有人看到过粉红色的湖泊，所以来到这里的人们都会惊叹它这美丽的颜色。

采盐人在玫瑰湖劳作

玫瑰湖很浅，平均只有 1 米深。千百年来，生活在湖边的雷布人，延续着一种奇特的采盐方式。

与世界上许多盐湖不同，玫瑰湖的盐不是裸盖在湖面上的盐壳，而是结晶并沉积在湖底。

采盐之前，采盐的人会检查一下身体上有没有伤口，如果有，他们会用胶和塑料袋把皮肤上的伤疤仔细地粘好，然后在身体上极其仔细地涂抹一种奇特的油脂，这种油脂是从乳木果中提炼出来的。接下来的时间里他们将进入浓度极高的盐湖采盐，他们前面做的都是采盐过程中最廉价而有效的劳动防护。

微生物造就这浪漫的颜色

　　玫瑰湖的颜色并不是一年四季都是粉红色的，更多的时候，它的颜色和一般湖水的颜色差不多，只是在每年的 12 月至次年的 1 月，湖水才会变成玫瑰色。这是为什么呢？这与湖底生长着一种叫"嗜极菌"的微生物有关。每年 12 月到次年 1 月，这种嗜盐的微生物会大量繁殖生长，在阳光的照射下，湖水便会呈现出如同丝缎一般的粉色。

玫瑰湖

采盐工下水采盐

不可避免的身体损伤

为了采盐，采盐工会长时间泡在盐水里，他们的皮肤被盐水侵蚀后会溃烂，甚至眼睛、耳朵也会受到损伤，除了这些，采盐工面临的最大伤害是常年泡在盐水里可能使他们失去生育能力。即便如此，为了生活，他们似乎也没有更好的选择。

最廉价的保护方式

采盐工每次下水前，都要仔细地给身体上上下下、里里外外抹一层奇特的精油，抹油是开始工作的必备步骤，也是最廉价最有效的保护方式。有时还会因为涂抹得不到位，被盐水腐蚀得满身伤疤。

采盐工抹油

采盐小船

排列在岸边的小船被刻上姓氏的字母，以示私有权。

采盐工不需要任何机械化的采盐工具，一条小船、一杆长矛和几只大桶就是全部的生产工具。

采盐工会在湖底插上长木棍，标志他们的工作区域。

红色的湖水能见度很低，只能靠手感捣碎湖床上沉积的盐结晶。打捞盐的动作几乎需要全身都浸在水里。

尽管采盐的成本几乎为零，但是长时间浸泡在盐水里的艰苦不是谁都能忍受的。

搬运盐的女人

　　过去，雷布人都是以家庭为单位进行手工采盐，男人负责打捞，女人负责搬运。但是现在，采盐收入锐减，艰苦的工作条件逼走了许多人，很多男人都去了别处打工。

　　满载盐的小船撑到岸边，雷布的女人们早就等在那里。

　　湿漉漉的盐装进了大桶里，运盐女工的工作就要开始了。

　　雷布女人从小就开始练习用头顶的方式搬运重物，一船几百千克盐只需要几次就被送到各自在岸边的晒盐场。每运送一桶她们都会放一个贝壳来记录，最后用贝壳数计算工钱。你会很钦佩这里的女人，那些沉重的盐提起来都困难，她们却顶在头上，而且一顶就是一天。

　　这里的女人们都担负着生活的压力和重担，犹如她们头顶上沉重的盐筐，但从她们的表情，你却可以看到一种积极乐观的生活态度。

奇妙的变色

因为湖底那些藻类的影响，从玫瑰湖里刚刚打捞上来的盐有的呈淡粉色，有的呈灰色。但分拣掉砂石和杂物，经过人工加碘，再几个小时的晒干，盐会变得很白。这些盐很快就变身为一种商品，运往各地。

塞内加尔人也会使用这种盐来调味，他们并不会把盐进行精加工，只是加碘和清除杂质后就直接使用了。

雷布人在湖中采盐

晒干的盐

塞内加尔是西非最大的产盐国，其中三分之一的产量，都是靠人工生产出来，提供给本国和邻国市场。

雷布人只有每年11月到来年的初夏才能采盐，剩下的日子只能找些零活或者干脆无事可做。

采盐带来的微薄收入就是他们全部生活的依靠。

每年备受关注的达喀尔汽车拉力赛似乎扰动了很多偏远地区人们的生活方式，但纳胡和埃米这些采盐的雷布人的生活并没有因此而变化。

塞内加尔的盐运往市场

头顶大自然的馈赠

雷布人辛苦采上来的盐

雷布女人用头顶运盐

感谢自然的馈赠

　　采盐是雷布人赖以生存的手段，哪怕工作条件再艰苦，为了生活，他们也得咬牙坚持。采盐的艰辛让这里的男男女女都筋疲力尽，但他们依旧积极乐观地去面对。他们甚至会感恩大自然赠予了他们一湖的盐，让他们有了生存下去的依靠。

　　其实，不仅是远在雷布的采盐人如此，世界各地的盐民都很辛苦，但又充满希望地生活着。

黑井古镇

游客颇爱体验的古法制盐

　　来到黑井镇的游客一般都爱体验这里的古法制盐。

　　把黑井盐装在小平锅中，在平整光滑的盐粒表面刻上属于自己的汉字，再用大火持续烘烤，干燥成形后，再包上盖着官印的红绸子。这种清末民初的黑井官盐生产手法，令人恍如隔世，却颇受游客的青睐。

黑井镇女人们的前世今生

　　今天的云南禄丰县黑井镇，熙来攘往的人流每个周末都会从外地聚到这里。历史上，这里是云南最重要的产盐地，整日弥漫着煮盐的烟火气息。

　　镇区最北处，保留着黑井唯一的一座古法制盐作坊，从明清到民国年间，这里曾是黑井制盐的核心地点，也是黑井财富的来源所在。巨大的水车、层层叠叠的晒卤台，以及熬盐的工棚都印证着当年盐业的繁荣景象。

黑井镇最具代表性的古建筑是一座贞节牌坊，正中题有清光绪皇帝御笔钦赐的"节孝总坊"四字。因为这座牌坊，人们很容易想当然地以为黑井的妇女们曾经都把自己紧锁在深闺或者柴房之中，但历史的真相总有它鲜为人知的另一面。

贞节牌坊

制盐自古是男人的职业。男人们负责在蒸汽腾腾的灶房中日夜不停地搅拌卤水、添柴煮盐。这些重体力活，是不适合女人做的。

这里是古代中国茶马古道的必经之路，作为马帮道上的重要关卡，黑井自古就与凶险相连，镇里男子长期离家运货，生死未卜，很多女人因为失去了丈夫而守寡，同时也失去了生活来源。

这些故事距离黑井人并没有多么遥远，这条街上了年纪的老人都是盐民，他们都经历了这一切。如果一个丈夫去世了，那么他的女人也只能靠偷运私盐养活着自己和家人。

"千年盐都"

黑井镇是云南产井盐最丰富的地区，因盐而兴，有"千年盐都"之称。汉代开始萌芽，唐代这里掘池汲卤，用釜煎盐，元代大量开采，明清盐业达到鼎盛，盐税占到云南盐税的64%。

镇里保留着一座古法制盐的作坊，有古盐井、古盐棚、古卤水池、古晒盐台、盐马古道等古法制盐和古盐文化的历史遗迹，素有"明清盐文化博物馆"和"明清社会活化石"之称。

黑井镇

"婆娘盐"

因为有女人参与熬制的历史，黑井盐也称"婆娘盐"。生活在数百年前的女人们，为了生计，也和盐紧密地联系在了一起。

女人们之所以能够参与到盐行业中来，和黑井的挑卤工息息相关。为了额外收入，他们常常在官府或者东家的计划外，偷偷带出一些卤水，低价转卖给黑井的女人们，这些就成了黑井女人们获得私盐的主要方式。

这些故事都是发生在以前，在这样一个被盐业利润裹挟的小镇，贩运私盐的高额利润，就给了这些不能名正言顺进入盐业领域的女人们一条希望之路。

镇口的五马桥，是进出黑井的唯一通道，任何人通过这里都得被层层盘查，以防官盐外卖，奇怪的是，黑井的私盐仍然屡禁不止。

白天，黑井的盐工在灶户的家中热火朝天、干劲十足地熬盐。晚上，黑井的女人就在自家的灶台旁拿出自家的米锅偷偷熬制小锅盐，不敢声张。

深夜，也是女人们出城贩盐的好时机，为了摆脱缉私队的盘查，往往偷偷装扮成孕妇的样子，把盐巴绑在肚子上带出城。

夜晚的黑井，各家摊位拉开阵势。

盐被制成各种工艺品，摆在最显眼的位置，足以证明它曾经在这里留下举足轻重的影响力。不过百年前的黑井夜晚，如此的热闹只能在女人家的灶房中上演。

古法熬盐

在以前的夜晚，黑井的女人，为了生计，出城贩盐。从黑井到昆明要经历六个日出日落，她们不敢住店，怕官府盘查。为了绕开官府，她们只得选择险要无路的地方爬山蹚河，甚至面临摔死、淹死的危险。

为了生存，她们走进传统的男人领地里，在野外风餐露宿，贩运私盐，千辛万苦地养活着自己和家人。

如今的黑井女人不再靠盐谋生，男人们纷纷外出打工，留下女人、老人和孩子们在这里种地、放牧。

如今的黑井镇

盐马古道

在传统的茶马古道上,除了茶叶、马匹等,还有最重要的物资——盐,所以这条商贸通道又被称为"盐马古道"。

云南的黑井盐、诺邓井盐等因其品质优良、味道纯正而远近闻名,成为重要商品。许多盐商甚至加价竞争收购。

"万驮盐巴千石米,百货流通十土奇。行商坐贾交流密集,铓铃时鸣驿道里",这首诗至今还流传在云南,展现了明清时期云南盐业的繁荣景象。

这些古老的盐道,不仅深刻影响了沿途多地的经济格局,也串联起这些地方数千年的文化交流。

如今,虽不见驮运的盐帮,但结伴走在富有历史韵味的古道上,似乎仍能跟随风中的盐味一起重温盐马古道的历史,倾听盐业的传奇故事。

用宣纸包裹着的盐焖鸡

海盐粒粗味杂，更适合于腌制或者炖菜。井盐相比较于海盐，更洁白味美，适合于制作精细的菜肴。特别是宋代以后，中国老百姓开始普及炒菜，井盐更是大受欢迎。

据唐代袁滋所撰《云南记》记载，黑井盐的质量高、味道纯正、渗透力强，因而成为南诏王族独享的调味品。

黑井盐做的焖菜至今已有 700 多年的历史。焖菜中最特别的是盐焖鸡。因为制作这道菜要耗费很多盐，几乎要用一锅，过去，只有在官员、盐商、灶户们接待贵客和举行重大节庆时才享用。

用柔软的宣纸包裹腌制过的土鸡，再经过厚厚盐堆炙烤后，外观呈现诱人的金黄色，骨香皮酥，肉质嫩滑，咸香扑鼻。

千年后的黑井没有了昔日的喧嚣繁华，但美食盐焖鸡却在时光中延续了下来，沉淀出一份属于千年盐都特有的味道。

盐焖鸡

盐焖鸡的来历

盐焖鸡，是黑井独具风味的美食。传说是盐工们偷了灶户的鸡，宰杀后怕人发现，偷藏在熬熟的盐堆中，等拿出来的时候发现鸡已经变成肉质鲜嫩、香气扑鼻的盐焖鸡了。

现在黑井人家里很少做这道菜了，一是做成这道菜需要耗费几斤的盐，二是家里也不会单为这一道菜，备上难得一用的器皿。但在黑井的饭店里，你还能尝到这道属于"千年盐都"特有的美味。

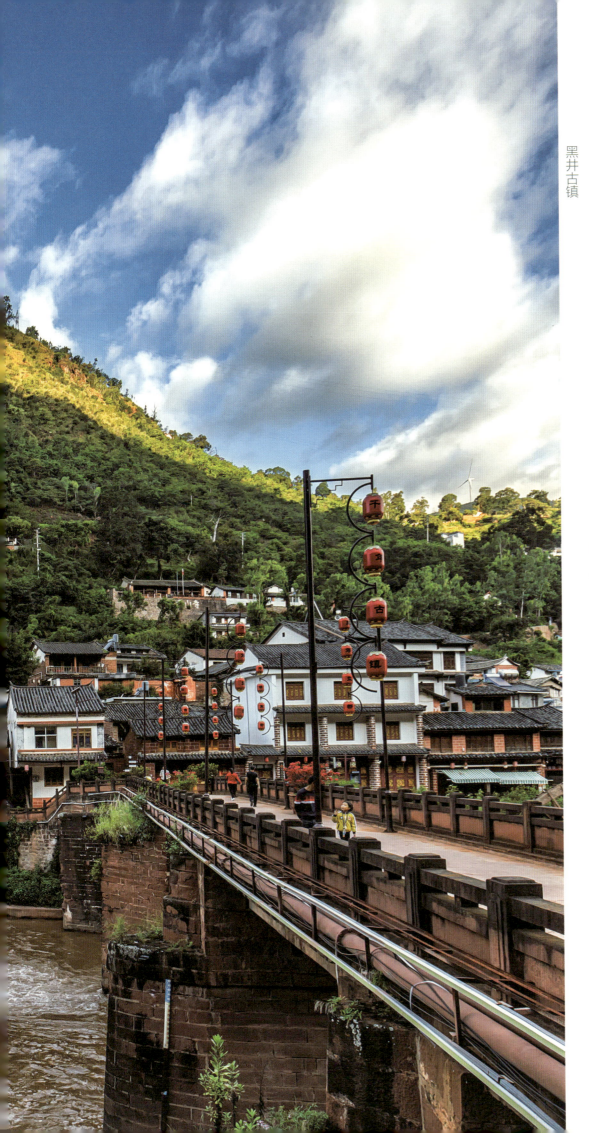
黑井古镇

人生沧桑兴衰世事难料，但记忆中的味道却沉淀至今，融进黑井人的血脉之中，传承不息。

斗转星移，沧桑变迁，黑井虽已失去昔日"盐城"的辉煌，但却留下了颇具特色的传统美食，比如盐焗鸡、"八八席"等。

盐是细小的，它轻如沙砾；盐又是沉重的，无论是制盐的、运盐的，还是吃盐的普通人，都曾经为这一小把白色的颗粒，把生存的尊严降到最低。

法国夫妇拍摄世界各地盐民

这些都是盐工的照片。

无言的照片是这样生动，让我们揣摩着每张面孔后面的故事。

这个名为"盐之千米"的摄影展览地在法国南部的皇家盐场。来这里参观的人络绎不绝，他们到这里来，不为别的，只为看这一张张沧桑的脸！这些作品的作者是一对摄影师夫妇——来自法国的妻子凯特琳娜和来自塞内加尔的丈夫赛都。

法国夫妇拍摄的盐工照片

玫瑰湖畔盐工的笑脸

为什么这对夫妻会想着拍摄盐工？产生这个想法的原因是他们看到了玫瑰湖畔盐工那灿烂的笑脸。5年前，他们一起来到了丈夫赛都的老家——塞内加尔腹地的玫瑰湖畔。令他们自己没想到的是，这趟普通的旅游竟然成为他们艺术创作的新起点。

到了玫瑰湖，他们看到那些盐工工作非常辛苦，但是脸上都带着笑容。这笑容让他们心底荡起无数涟漪。

随后，他们就开始了长达十年的计划——拍摄盐工。

埃塞俄比亚的达纳基勒洼地

摄影师拍摄盐工

惊喜又惊险的拍摄旅程

他们拍摄的这些人，很多都生活在世界上最难到达的地方，所以他们的拍摄行程也充满了惊险和惊喜。

他们要去的地方是埃塞俄比亚的达纳基勒洼地，那里靠近索马里边境，是军事禁区。外人进入这里的每个部落都需要当地的许可，甚至还需要部落持枪警察的保护。

在非洲的大沙漠，他们要忍受异常的高温和风沙，住的是露天的帐篷，睡床也相当简易。在那里，他们经常体会到的两个字就是"绝望"。

虽然环境如此恶劣，但他们真实地记录了在这里采盐的人们，这是最令他们欣慰的地方。

凯特琳娜和赛都在盐工身上找到了精神上的共通点。

岁月把年轮刻在这些人的脸上，照相机却把沧桑定格下来。

外面的人们每天享受着用盐烹调出来的美味，当看到这些摄影作品时，都将与照片中从未谋面的盐民们展开一场超越时空的对话。

凯特琳娜和赛都

用可乐换来的拍摄机会

南美洲是他们拍摄的第三站。

在南美洲秘鲁的圣古里，有一片利用天然卤水制盐的印加盐田，晒盐的小池子一个接一个，像梯田一样铺满了整片山坡。

这里的盐民几乎都是女性，她们具有典型的南美洲高原原住民的模样，这一切都深深吸引着摄影师夫妇。当他们在那里举起照相机的时候却遭到了拒绝。原来，那里的习俗认为，照相机会摄取人的灵魂。

几经沟通后，她们竟然提出了非常有意思的条件，就是拍摄可以，但得给她们可乐。于是，凯特琳娜和赛都到处去找可乐，整箱整箱地送给这里的盐民。

秘鲁圣古里的盐田

圣古里的盐工

　　凯特琳娜和赛都夫妇背着他们的相机走过了很多国家。他们打算就这样一直走下去。用 20 年的时间，再去 30 个国家，专门拍摄那些盐工们。中国的西藏，一直是他们的梦想之地。为了这个梦想，他们还得继续工作一阵，才能攒下足够的钱。

　　世界上有些人，靠盐生存，他们的生活有艰辛也有无奈，但也时常收获着快乐，他们用盐谱写了一曲曲生命的赞歌。凯特琳娜和赛都夫妇想把这些用照片都一一记录下来。

凯特琳娜和赛都夫妇前往盐田

凯特琳娜给盐工拍照

盐创造了色彩斑斓的人类生活史，人们狂热地寻找盐、交易盐、争夺盐……

第四辑

财富

威尼斯的繁荣

世界闻名的水城威尼斯位于意大利东北部，离意大利大陆有 3 千多米的距离。

这座历史文化名城，是马可·波罗的故乡，堪称世界上最浪漫的城市之一。这里常年吸引着来自世界各地的游客。

历史上，威尼斯本是仅有一连串珊瑚小岛的蛮荒滩涂之地。因为盐，慢慢使这个地方兴盛繁荣起来。

因盐而繁荣起来的城市

公元五六世纪，有人为逃避战乱，在威尼斯建起了最初的城市。因为这里缺少耕地，威尼斯人就用海水制盐，然后贩运到缺盐的欧洲内陆。就像中国古代的徽商、晋商、陕商的崛起也都与盐业有关，威尼斯也因为盐变得非常强盛、繁荣。

不只在西方，在东方同样有因为盐而兴盛的城市，比如中国的扬州。宋朝之后，国家经济重心南移，扬州聚集了全国四面八方的商人。扬州交通发达，长江、淮河在此交汇，盐运河、京杭大运河穿城而过。因为地理优势，扬州垄断了两淮（江苏、安徽）食盐市场，成为全国最大的食盐集散地。

托尔切洛岛盐工老照片

托尔切洛岛

在威尼斯的一个偏僻角落，有一个叫托尔切洛的小岛屿。在公元五六世纪，一批逃避战乱的难民来到这片蛮荒之地，建起了最初的家园。面对这片无土地可耕且处于咸水沼泽之中的岛屿，他们唯一能做的事情就是利用海水晒盐。

他们跟远在东方的中国人一样，最早学会了使用单一的人工池蒸发海水晒盐。随后的几个世纪里，他们又掌握了更高效的多池晒盐技术。

靠着这种晒盐技术，威尼斯很快繁荣起来。但威尼斯人对于财富的胃口也因此膨胀起来。他们不仅想要垄断威尼斯盐的生产和贸易，还要把这种垄断扩展到更广阔的地域去。

在意大利海边城市切尔维亚，盛夏的季节，几名盐场职工作为志愿者，不断向游客展示意大利几千年前的手工晾晒海盐的工艺。

海水被引入盐田，通过三个过滤池，最后进入盐水池。在这个过程中，海水中盐的浓度逐渐提高，大约一周的时间，在阳光和风的洗礼下，盐的晶体慢慢析出，沉淀在盐池的底部。

手工晒盐

特殊的印章

在切尔维亚城市博物馆，馆内收藏了一枚特殊的印章，叫圣马可印章。

圣马可印章是一个特别的质量标签，如果盐有这个质量标签，就说明盐的产地是切尔维亚。但是这个质量标签却是由威尼斯共和国颁发，这就说明了当年威尼斯共和国已经把触角伸向意大利周边的海岸。

当时，盛产优质海盐的切尔维亚在梵蒂冈公国教皇的控制下，但是威尼斯通过战争，把切尔维亚从教皇的统治下争夺过来，抢下了切尔维亚的制盐生意。

威尼斯人明白，盐是非常重要的物资，掌控了盐，就等于掌握了地中海的贸易。

不光切尔维亚被威尼斯控制，为了消灭竞争对手，威尼斯建立了强大的海军，将触角伸到意大利沿海的所有盐产地，把它们生产的盐都运到威尼斯来，威尼斯政府再给这些盐定高价，转手卖给销售商，并且规定它们到哪里去销售。于是，威尼斯成了欧洲最大的盐供应地。

由此，威尼斯从一个荒无人烟的地方变成了一个强盛的国家。大规模的雇佣关系在这里出现，威尼斯因此也被认为是世界资本主义最早的萌芽之地。

如今，畅销全世界的意大利盐早已使用机械化生产，只留下这一片原始盐田，向游客展示着古老的手工制盐工艺，静静地诉说着历史。

威尼斯宫殿式的公共建筑

强大的盐政管理局

13世纪，威尼斯政府从监管盐的贸易中获取利润，盐政管理局负责颁发许可证，商人可以出口多少盐，出口到哪里，以什么价格出口，这些都不是商人自己说了算的，而是由盐政管理局来把控。盐政管理局获取的利润可观，他们维护保养了威尼斯宫殿式的公共建筑，威尼斯的许多宏伟雕像和装饰性建筑也都是由盐政管理局资助的。

豆花

自贡的财富积累

　　威尼斯人依靠商业而发达，当他们在财富的海洋里尽情驰骋的时候，远在东方，中国的西南端，另一个城市正在用工业致富的方式打造着他们的财富传奇。

　　在中国四川省自贡市，热腾腾的豆花饭是很多当地人习惯的早餐。

　　这道著名的盐帮菜和井盐生产有着特别密切的关系，制作

用盐卤做出的美味豆腐

卤水即盐卤，盐卤含氯化镁，它能使分散的蛋白质团粒很快地聚集到一起，形成豆腐。卤水做出来的豆腐细滑白嫩、味正醇香。四川豆制品也因此颇负盛名，比如富顺豆花饭、荣县花生浑浆豆花、成都麻婆豆腐、乐山西坝豆腐、川西剑门豆腐等都是令人赞不绝口的美味。民间甚至有"四川豆腐甲天下"的说法。

豆花的卤水为盐卤。

价廉物美的豆花，开胃又下饭，曾经是最受盐工欢迎的美食，它有着劳动人民所青睐的食物的普遍特点：粗放、快捷、廉价而又充满热烈的刺激。

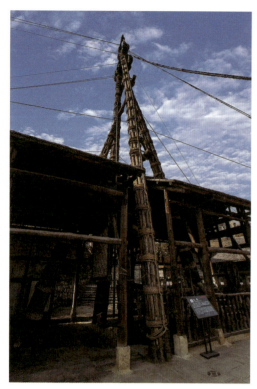

天车

如果要为自贡找一座标志性的建筑，很多人都会选择制盐的天车。因为它最能代表这座城市曾经的辉煌和曾经有过的产业精神。

釜溪河水缓缓地从自贡流过。如今地面空旷的天际线，曾经被林立的井架天车占据。

200多年前，密布的制盐作坊里，热气蒸腾，釜溪河两岸，小酒馆鳞次栉比。石板路上，运盐的船工留下的花生壳没过了人的脚面。

对于商人而言，经营盐业则意味着高收益与高回报。财富产生了吸附效应。各路商人像候鸟一样聚集到自贡，他们相信，只要锲而不舍地投入资金，地下就会涌出成百倍的财富。

燊海井惊人的产盐量

自贡燊海井坐落在大安区阮家坝山下，是世界上第一口深度超过千米的井。燊海井，凿成于道光十五年（1835年），这口井既产卤，又产气。按照当时的盐价，燊海井每天生产的盐可以换来533两白银。而那时候，一个七品县官每年的俸银只有45两白银。一口盐井一天产的盐就抵得上10余个县官全年的俸银。可见，当时的盐商们有多富足。

盐商们的奢华

  王朗云之所以执着于打井，是因为盐井里面藏着巨大的财富。

  这些盐商生活豪奢，他们平日里的排场不亚于官府。"衣服屋宇，穷极华靡；饮食器皿，备求工巧；俳优妓乐，恒舞酣歌；宴会嬉游，殆无虚日；金银珠贝，视为泥沙……骄奢淫逸，相习成风。各处盐商皆然，而淮扬为尤甚"——在《清世宗实录》里记载了盐商们奢华的生活。

盐商大宅院的木雕

曾经的输卤管道

旧时，自贡到处是天车，到处是输卤管道，到处蒸汽腾腾，也聚集了中国最爱冒险的人。

100多年前，盐商首富王朗云，就是靠着一口废井发了家。

1833年，22岁的盐商子弟王朗云刚刚分到了家产，一笔不算丰厚的银两和一口废弃的盐井——天一井。

自贡的地下卤水层位于地底深处，在物探技术还不发达的年代，开凿盐井，更像是一场赌博。天一井打到几百米深就因为缺少资金而停止钻凿。继续深钻，或许将是他翻盘的机会。

王朗云天生是个冒险者，他做出了一个破釜沉舟的决定：把全部身家押注给天一井。

天一井已经打了几年，还没见到卤水。王朗云的钱快花光了。眼前只有两条路，要么停止打井，前功尽弃，要么想办法找钱。

古法熬盐

就在王朗云进退两难的时候，两名陕西商人来到自贡，准备给天一井的开凿注入新的资金。但是他们也提出了苛刻的条件，一旦打出卤水，盐井收益将被分成30股，井主王朗云占12股，陕西商人占18股。在约定的年限内，双方按比例分成。合约期满后，盐井和附带的厂房设备再全部归还给王朗云。

这对王朗云来说，喜忧参半，虽然有了新的资金，但也意味着自己日后的收益将减少一大半。

面对这份合约，王朗云心疼得厉害。在签约的最后关头，他突然提出要出去上茅厕，其实是想再多斟酌一下。

刚走到街上，天一井的伙计就朝他飞奔而来，惊喜地对他大喊：卤水！打出卤水了！

事实证明，天一井是一口难得的好井，不仅富产含盐度极高的黑卤，同时还产天然气。王朗云靠天一井淘到了第一桶金，为他日后的财富版图写下浓墨重彩的一笔。

后来，王朗云用从天一井所得的丰厚利润，与陕西盐商共同复办扇子坝，开创了盐业股份制先河。

自贡盐商和陕西商人的合作并未终止，井越钻越深，投入越来越大，寻找最佳合伙人是盐商们一致的选择。为了共同的目的，自贡盐商和陕西商人约定了责权利的分配，并形成书面协定——井约。

今天的自贡市盐业历史博物馆，是清代山西和陕西盐商集资修建的西秦会馆，在这座兼具北方明清宫廷样式和南方民宅风格的建筑里，当时的山西和陕西商人与自贡商人经常在这里进行会谈、签约。

自贡盐业博物馆

同盛井约——中国的第一张"股票"

开凿盐井需要投入，若凿井多年仍不见卤水则可能血本无归，为了风险共担，山西、陕西的商人和自贡商人会事先签好合约，这些合约被称作"井约"。

如今，还有1000多份井约完好地保存在自贡市盐业历史博物馆。其中最著名的是"同盛井约"。"同盛井约"签订于清乾隆四十四年（1779年），这份合约被认为是中国最早的股份制经营凭证，是中国的第一张"股票"。

熬盐场景

      在这块 55 平方千米的土地上，历代的盐工艰辛地劳作，一共开凿了 13000 多口盐井，如果以每口盐井深 300 米计算，等于靠人力打穿了 400 多座珠穆朗玛峰。

      钻井技术是自贡盐业财富的核心秘密，但是财富背后最大的推手是前仆后继的风险投资。来自全国的资金掀起了一股凿井狂潮，

钻井技术在井盐生产中有着决定性的意义。自贡盐场的凿井技术在十八十九世纪领先世界其他国家。自贡人用卓筒井凿井技术凿出了世界第一口超千米深的盐井——燊海井。经过了 13 年，美国人才钻成一口 22 米深的井，而且只从井里采出 1.8 吨的井卤盐，可见以自贡为代表的中国古代凿井技术在中国乃至全世界都独占鳌头。

今天，高塔般的石油钻井平台为世界提供着最主要的能源，而它的技术原理和自贡曾经林立的盐井井架是一样的。

整个自贡遍布着天车和输送盐卤与天然气的竹制管道，一座规模空前的工业化城市就这样崛起。

自贡盐场的凿井技术在十八十九世纪达到顶峰，能掘入地下 1000 米的盐井，自贡人开采盐卤的卓筒井被国际学术界誉为"世界石油钻井之父"。

煮盐需要燃料，四川制盐业最辉煌的成就之一就是火井煮盐。

汉朝，四川邛崃人在钻盐井过程中时发现有的井里有一种遇火就能燃烧的气体，即现在的天然气，人们把产气体的井称为"火井"。

西晋张华的《博物志》记载："临邛（今邛崃）有火井深六十余丈，火光上出，人以筒盛火，行百余里，犹可燃也。"东晋常璩的《华阳国志》也记述了取井火煮盐的情况。人们把天然气用竹筒采集、储存。当时，整个自贡遍布着天车和输送盐卤与天然气的竹制管道。

东源井自1892年开始逐步投产至今，仍保持产出，世人无不震惊，被誉为"世界钻井史上发现的地质结构罕见的百年不衰的天然气老井"。

燊海井

自然条件促使天然气的产生

四川之所以能成为世界上最早发现和利用天然气的地区，与当地的环境关系非常大。这里自古环境优美，有机生物体种类众多，掩埋的有机物分解后，加上地质运动等，最终形成气体形式的天然气。

四川人凿井取卤水，用传统的熬煮方法，用大锅熬制白花花的盐。

制作过程主要有七个步骤。

1. 提卤放闸

　　打开盐井的闸门，用汲卤筒提取卤水。

拉闸

卤水装到桶里

2. 采集卤水

　　通过竹筒把卤水收集到桶里。

3. 水送灶房

　　人们通过水管输送，或一桶一桶提，把水送到灶房，开始煮盐。

卤水送到灶房里

4. 预热池加热熬煮

煮盐的锅古时候叫作"牢盆"，铁做的。在牢盆下面烧火。卤水在牢盆里不断被大火煮着，水分不断蒸发。直至熬干卤水，结晶出盐粒。

牢盆熬盐

牢盆熬煮出盐

盐粒

5. 放入竹筒

人们把煮好后的盐用铁锹装入竹筒中。

用铁锹盛出盐

用铁锹把盐装入竹筒

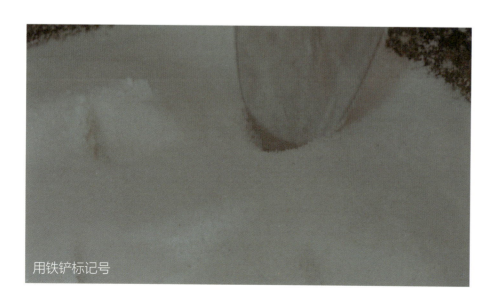

用铁铲标记号

6. 标注盐工编号

把盐装入竹筒后，用小铁铲铲平表面，在上面用小铁铲标记上盐工的编号，方便统计。

7. 成形

盐成形后，就可以进行售卖了。

去掉竹筒

成形的盐可以进行售卖

自贡因盐而兴，自古以来商贾云集、富甲一方。

清朝时，"千年盐都"自贡吸引着来自各地的投资者、经营者、劳动者。不同地域和层面的饮食嗜好、饮食文化相互交融，在自贡逐步形成了独具风味的盐帮菜。

盐帮菜是川菜的一个流派，讲究调味，味道注重厚、重、丰，分为盐商菜、盐工菜、会馆菜三大支系。

自贡的百姓用汗水扛起了盐，也用勤劳智慧孕育出了水煮牛肉、粉蒸牛肉、火边子牛肉等经典的盐帮菜。

在自贡，提卤水的动力一般都是牛。传说，清朝乾隆年间，自贡引发了一场牛瘟，盐商为了挽回损失，把牛当作工钱抵给盐工。当时没有冰箱冷藏，牛肉不能存放。盐工们就把不成整块的牛肉切成小块，放在卤水缸里用盐水腌制保存。将上等牛肉切成薄片，放上适量食盐，晾干，之后像熏腊肉一样，放在火边用微火熏烤。熏烤好的牛肉不仅便于储存，而且味道鲜美，也因此得名"火边子牛肉"。

用盐腌肉

水煮牛肉

因盐而得名的地方

英国地名有 wich 后缀的一般都是产盐、制盐的小镇，如桑维奇（Sandwich）、诺维奇（Norwich）。在柴郡，有诺斯维奇（Northwich）、米德尔维奇（Middlewich）和南特维奇（Nantwich），这三个小镇早期都是因为产盐而兴起。

将一个地域以"盐"命名，说明了政府对盐的重视程度。和英国一样，在中国也有因盐而得名的地方，比如宁夏吴忠市盐池县。历史上，宁夏吴忠市盐池县是中国农耕民族与游牧民族的交界地带，县内由东南至西北是广阔的干草原和荒漠草原，分布着 20 多个大大小小的盐池。只是由于各种原因，现在盐池县只剩下了惠安堡一处盐湖了，也已不再产盐。

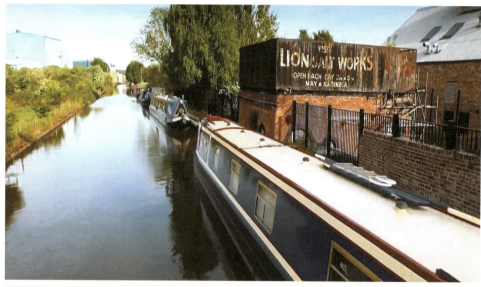

柴郡诺斯维奇市

狮子盐厂的工人正在制盐

英国柴郡，因盐而兴起的城市

英国西北部的柴郡是英国的盐业中心，与当时中国制盐一样，这里也是烟火弥漫，和自贡的盐锅相似的一口口大铁盘，日夜不停，熬制出英式的大粒粗盐。

狮子盐厂位于柴郡的诺斯维奇市，是汤普森兄弟家族的私人制盐厂。19世纪，盐曾经给这个家族和诺斯维奇市带来了绵延百年的繁荣，今天，这个工厂遗址成了供人们参观的博物馆。

100多年来，这家盐厂延续着传统的制盐方式：用硕大的铁盘熬煮从地下抽取的盐卤水。

这是非常艰苦的体力工作，又热又危险，稍微不注意就可能掉进煮盐的锅里。

每到周一，盐工们就会把铁盘里的盐铲下来清理干净，那时住在周围的人们便会听到铲盐时铁盘发出的巨大声响。人们戏称这种声响为当地的闹钟。至今这些声音依然清晰地保存在当地人的记忆之中。

因盐而兴是柴郡重要的历史。19 世纪到 20 世纪中期，英国 90% 的食用盐都是由柴郡供应。

更重要的是，盐曾经是英国出口贸易中最重要的物资之一。当年的殖民者们曾经凭借着他们的巨轮、战舰把大量的盐推向海外，去获取全球性的财富，创造出大英日不落帝国的神话。一个多世纪里，汤普森家族每周将上百吨的盐经利物浦港口销往世界各地，这个家族因此获取了大量的财富。

狮子盐厂

被现代技术冲击的传统制盐业

那个时期，在柴郡，传统制盐厂疯狂地从地下抽取卤水，天空被煤烟笼罩，到处是污染和塌陷的土地，这里虽然创造着惊人的财富，却是英国环境最恶劣的地区。

20世纪中期，英国人发明了真空制盐技术，冲击着柴郡的传统制盐业，新技术生产的精盐成本低、质量好、污染少，许多大盐厂开始搬迁和转型。

汤普森家族的狮子盐厂同样受到冲击。狮子盐厂最终倒闭，家族的后人也搬离柴郡，不再从事制盐业。

狮子盐厂老照片

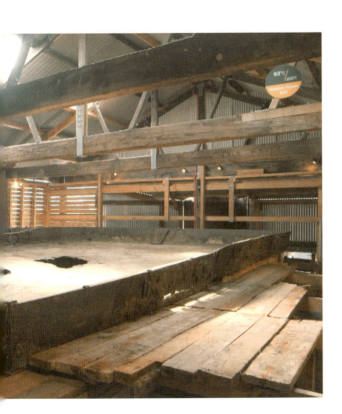

今天，几乎所有的美食都离不开盐。

凌晨四点，英国伦敦的海鲜市场开始了一天的忙碌，各种海产品摆上了摊位。这个欧洲最古老的海鲜市场，有着300多年历史。太多的选择令人目不暇接，而腌鱼则是不少人钟情的美食。

腌鱼也许有100年的历史了。在英国的历史上，腌鱼的地位曾经非比寻常，一是因为盐很珍贵，二是因为制作腌鱼的过程非常复杂，所以只有有钱的人才能享用。

如今，英国还有厨师梦想着将不再流行的腌鱼重新带回潮流，因为在他们眼里，腌鱼无疑是最美味的食物了。腌鱼还提醒着快节奏生活的都市人，盐曾经像黄金般珍贵，拥有盐就拥有无限的繁荣和财富。

英国腌鱼

英国海鲜市场的腌鱼

庄园经济时代，盐的作用凸显

　　盐作为"百味之主"，是全世界人们的生活必需品，这种必需品的重要性在中世纪的英国尤其明显。中世纪英国的经济生产模式是庄园经济，那个时候每个庄园都是自给自足，封闭的生活让物质并不丰富。庄园里的人一年中有好几个月都得靠腌肉生活，而腌肉离不开盐，庄园要买大量的盐用于保存肉类，所以那个时候庄园对盐的需求量很大。

扬州——海盐的集散中心

　　扬州本身并不产盐，但盐对这里的繁荣起了决定性的作用。宋朝之后，国家经济重心南移，江苏省扬州市聚集了来自全国四面八方的商人，其中包括盐商。

　　扬州位于两淮（江苏、安徽）之间。两淮靠海，多盐湖、盐池，分布着淮北和淮南两大产盐区。史书记载："自古煮盐之利，重于东南，而两淮为最。"两淮所产的盐，都由水路经过扬州，销往各地。

　　扬州身居长江、淮河两大水系之间，是全国唯一地处两大流域交汇点的城市，盐运河、京杭大运河穿城而过，交通发达，沟通中国南北。享有水运之便的扬州，自然而然成为两淮盐业管理机构的驻地，全国最大的食盐集散地、食盐中转站。

扬州财富之路——获得盐引

　　江苏省扬州市，一个东方的水城，南有长江，东靠大海。扬州本不出产盐，但却依靠盐而富庶一方，这主要跟扬州的地理位置有关。由于其靠近两淮盐场，因此涌现出了大量倒卖盐的商人，他们通过扬州将两淮盐场的盐销往全国各地。

　　如今，走在扬州，那一片池水，一处建筑，乃至一片落叶，都在无时无刻地向你传达着当年盐商们的财富传奇和他们留给这个城市的旧梦繁华。

扬州

公元前 486 年，扬州开始建城，至今已有 2500 多年的历史。

扬州的兴盛得益于大运河。公元 605 年，隋炀帝在已有天然河道和盐运河的基础上，大幅度扩修开凿了贯通南北的大运河。南起余杭（今杭州），北到涿郡（今北京），连通海河、黄河、淮河、长江、钱塘江五大水系。

京杭大运河是世界上里程最长、工程量最大的古代运河，是中国古代劳动人民创造的最伟大工程之一。即使今天看京杭大运河，尽管已没有之前的繁华，但至今仍在使用，并且依然掩藏不住大运河顽强的生命力和恢宏的气势。

京杭大运河扬州段

被裁弯取直的大运河

　　大运河不只有隋朝修建，唐、后周、北宋、元、明、清等朝代也有整治或整修。元朝时，因都城在大都（今北京），所需食盐、粮草等要通过漕运和海运从南方运来，为了提高效率，便对运河裁弯取直。促进了中国南北之间的经济、文化、政治、军事等交流，堪称绵延不断、流动的中华文明的展示长廊。

扬州茶社

盐商大宅里的园林

奢华光鲜的盐商生活

依靠贩卖盐来发家致富的扬州盐商富可敌国。据说扬州当时的数十座大型园林，都是盐商们建起来的。

当时盐商为了招待官员，彼此斗富，会网罗天下名厨，把厨师请回家担任家厨。所以有种说法，扬州城最好的厨师不在大酒楼里，而是在盐商家里。

扬州人的一天要从早茶开始，在很多有着悠久历史的茶社里，上好的淮扬细点可是一样都不能少的。

清晨由一杯香茗相伴，边吃喝边聊天，晚上去澡堂泡个澡，神仙不过如此。这是扬州人以往精致生活的写照，也是当年扬州盐商奢靡生活留下的印记。

今天的扬州虽早已失去富甲天下的光环，但当年的盐商文化却丝毫未丢。

在所有财富的故事母本里，几乎都有一个政治的身影，因政治而富贵，也因政治而衰落。对于扬州盐商来说，真正的富贵是从盐引开始的。

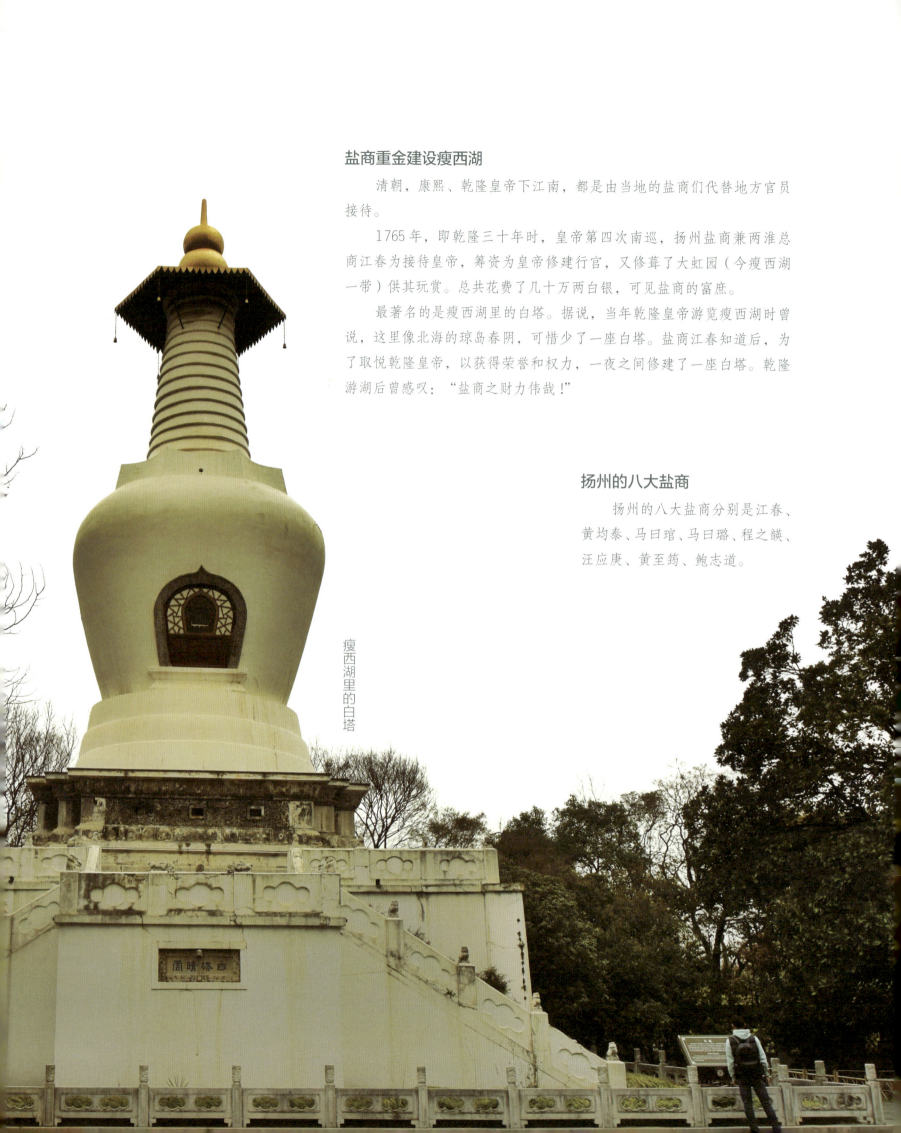

盐商重金建设瘦西湖

清朝，康熙、乾隆皇帝下江南，都是由当地的盐商们代替地方官员接待。

1765 年，即乾隆三十年时，皇帝第四次南巡，扬州盐商兼两淮总商江春为接待皇帝，筹资为皇帝修建行宫，又修葺了大虹园（今瘦西湖一带）供其玩赏。总共花费了几十万两白银，可见盐商的富庶。

最著名的是瘦西湖里的白塔。据说，当年乾隆皇帝游览瘦西湖时曾说，这里像北海的琼岛春阴，可惜少了一座白塔。盐商江春知道后，为了取悦乾隆皇帝，以获得荣誉和权力，一夜之间修建了一座白塔。乾隆游湖后曾感叹："盐商之财力伟哉！"

扬州的八大盐商

扬州的八大盐商分别是江春、黄均泰、马曰琯、马曰璐、程之韺、汪应庚、黄至筠、鲍志道。

瘦西湖里的白塔

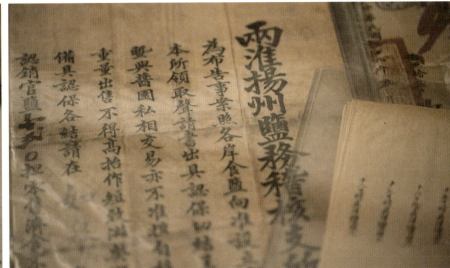

盐引

政府为了获利，宋代以后实行盐引政策。

盐引，通俗点说，就是买盐和卖盐的许可证。

商人们都想从朝廷官员那里取得盐引，因为拥有了这张薄薄的凭证，就获得了交易盐的许可，也因此获得了致富的机会。

当时，朝廷给盐商制定了一个非常优厚的政策，任何商人，只要按照朝廷的规定，缴纳一定的金钱，就可以到扬州来做一个世袭的盐商。

前来贩盐的商人们在扬州定居了下来，他们和朝廷官员们觥筹交错、夜夜笙歌。小小的盐引就这样写下了扬州财富故事的第一笔。

在这种政策背景下，作为朝廷利益的"代言人"，盐商垄断了全国食盐的销售与流通，并足以操纵盐价，获取巨额的垄断利润。

除了扬州的早茶，古代盐商的园林也是扬州的文化标签。个园是扬州最大的盐商园林，到过这里的人们无不惊叹当年盐商大贾们富可敌国的实力。这座细节精致、布局巧妙的私家园林见证了古代盐商风光无两的富庶生活。

在明清时代的扬州，富可敌国的盐商们不遗余力地营建着他们的府邸。这些风格迥异的私家宅院，也体现着主人不同的追求和品位。

个园

个园

浸润中国传统文化美学的盐商大宅

　　为了便于盐的贸易，扬州盐商会选择靠近扬州东、南部的运河一带，建园造房，所以这一带集中了大量的盐商大宅。当时，大运河边的南河下街、北河下街等地是盐商最密集的聚居之地。如今，大运河成功列入《世界遗产名录》，大运河上的遗产点，比如个园、汪鲁门宅、卢绍绪宅、盐宗庙，无不与盐商息息相关。

　　盐商多为风雅之士，他们品位不一般，所建的庭院更是体现了中国传统文化美学。如清代八大盐商之一的黄至筠在明代"寿芝园"的旧址上扩建而成的个园。有着"四季假山"的巧妙构思，院子里有春、夏、秋、冬四个形态逼真的假山区。

两淮盐税，泰州居半

古代政府在扬州设两淮盐运使司衙，并在淮安、泰州设分司。

泰州古称海陵县，拥有得天独厚的地理条件，南部濒临长江，北部与盐城毗邻，东临南通，西接扬州，湖泊分布较多，除了一独立山丘，其余均为江淮两大水系冲积平原。海滩遍布芦苇，为煮海盐提供了重要燃料。

北宋的晏殊、吕夷简、范仲淹三位宰相，曾先后在泰州当过盐官，管理盐仓。

泰州盐税文化源远流长。俗话说，"两淮盐税，泰州居半"。唐代时全国有六大盐区，泰州为两淮之首。南宋时泰州的盐产量占全国总产量的近四分之一，是当时最重要的盐产地。

盐宗庙

　　盐宗庙位于古运河畔的康山街，始建于同治十二年（1873年），这是中国南方，也是两淮盐区的第一座盐宗庙。里面供奉了夙沙氏、胶鬲、管仲三位盐业始祖，是扬州盐商举行祭祀礼仪的重要场所。

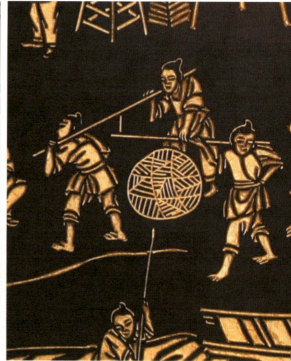

有人说，扬州是盐堆起的城市。为了感激天赐的财富，扬州盐商筹资修建了盐宗庙。

虽然盐宗庙经历了百余年的沧桑，但祠堂内构架、梁、枋、桁上遗存的彩绘至今仍绚丽多彩，还有部分由红、黄、绿、青白、黑组成的彩绘显得沉稳庄穆。祠堂内的《两淮煮海为盐图说》的贴金漆画，映射了煮盐的过程。

如今，人们在这里既可领略扬州盐商辉煌又精巧的建筑风格，又能体味盐商丰富的文化，感受盐业的独特文化魅力。2014 年，盐宗庙作为大运河的遗产点被列入《世界文化遗产名录》。

盐宗庙内《两淮煮海为盐图说》的贴金漆画

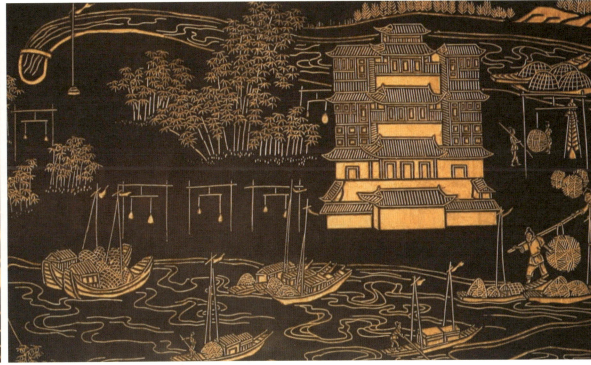

盐不仅成就了两淮盐商的鼎盛，造就了扬州的繁荣，也成就了传统四大菜系之一的淮扬菜。

淮扬菜以本味本色为特色，味淡偏甜，看似与盐无关，但又与盐紧密相关。

名菜大煮干丝用的白豆干，原名"徽干"，据说就是明末清初由安徽商人带来的。

富甲一方的扬州盐商，还在"吃"上炫技。餐桌上的吃食讲究珍稀、精致，催生出清炖蟹粉狮子头、大煮干丝、水晶肴肉等特色菜。

包容的淮扬菜

　　象征财富的盐，让两淮聚集了来自五湖四海的人，因为各地口味不同，"包容"成为当地菜肴的一大特色。既有南方菜的鲜、脆、嫩，又有北方菜的咸、色、浓，形成了甜咸适中、咸中微甜的淮扬菜。淮扬菜口味平和，吃起来不像湘菜、川菜有着极端的味觉特征，但是那份独特的清鲜，让淮扬菜有一份平中出奇的韵味。

盐能催生出富可敌国的盐商阶层，更能给国家带来财富，中国明清时期，茶、盐、丝绸、漕运等为国家的经济命脉，而其中盐业税收占整个国家财政收入的四分之一。

盐对于一个城市乃至一个国家，仍然像生命般重要，在历史的长河中，上演着一幕幕关于财富的故事。

一粒小小的盐巴，
引发着一次又一次
的盐事争端……

第五辑

疆界

顿恩伯格盐矿里的木牌

地底下的国界

今天，在顿恩伯格盐矿地下 1500 米深处，还矗立着两块木牌。左边的标志是萨尔茨堡，意味着左边的盐矿属于奥地利，右边标志上写的是"巴伐利亚"，表明右边的盐矿属于德国。

原来，这座盐矿山恰恰坐落在德奥两国的国界上。在地下，分属两国的巷道相距不到 1 千米。别看这木牌不太起眼，却承载着血战换来的和平，因为这是奥地利和德国在地下的国界。

萨尔茨堡和巴伐利亚的战争划分边界

我们又来到了奥地利北部城市萨尔茨堡,这里处处充满着浓郁的文艺气息。

你若非亲临坐落在顿恩伯格山脉那座地下的盐矿,恐怕很难想象为了获取盐,人类会修建起如此巨大的地下之城。

不深入到这个盐矿的地下,你可能意识不到,这个盐矿与两个国家有关。

萨尔茨堡

有趣的是，不同国家的两个导游，他们在同一座盐矿里工作，但他们却从来没有碰过面，因为他们属于奥地利和德国两个不同的国家。现在他们可以友好地为游客们解说同一个盐矿，然而，如果时光倒退几千年，他们却很可能是手持利刃相互厮杀的敌人。

是的，盐带来的不仅有财富，还有战争。

顿恩伯格山是欧洲最大的盐矿山，它见证着德国和奥地利两个国家对立的历史。从 16 世纪末开始，奥地利萨尔茨堡的大主教伍尔夫·底特里，将盐开采出来，并通过萨尔茨河运出去，用赚来的钱建造了这座漂亮的城市。

顿恩伯格盐矿是横向掘进的，和煤矿并没有什么区别。从地表的矿道口判断，萨尔茨堡人很可能已经越过边界，偷采了巴伐利亚人的盐。生产的盐多了，他们就用低价盐垄断市场，和德国竞争，还封锁了盐河，切断了对方运盐的必经之路，这让德国愤怒不已。

德国决定以牙还牙，进兵萨尔茨堡，一场因盐而起，长达百年的矿产资源争夺战最终爆发。

这场战争，以萨尔茨堡的惨败结束。

因盐而生的保镖公司

多个世纪以来，盐作为一项出口产品对萨尔茨堡的经济有着非常重要的作用。萨尔茨堡能成为繁荣的商业中心，盐的贸易功不可没。除了满足当地人们生活需要，这里盐总产量的三分之二通过盐河往外运输，换回财富。为了避免盐在船上被抢劫，盐河的船上还出现了保镖，保镖的名称叫作"船上神枪手"。如今，关于盐的"海盗战"还被搬上了萨尔茨堡文艺演出的舞台，吸引着成千上万的观众观看。

大主教伍尔夫·底特里

两个不同国家的导游在同一个盐矿工作

德奥两国谈判并签订条约

200多年后，两国的关系才得以缓和。

他们重新坐下来签订了一系列条约，明确规定了盐场地下开采的各种界限和互惠交易原则，比如萨尔茨堡有权在巴伐利亚地区采盐，但必须购买巴伐利亚森林的木材作为煮盐的燃料。至此，这场两国间为盐而进行的争斗终于结束。

因为盐，爆发了两国的国界之争，改变了地域划分的疆界。盐，记录着文明的演进与冲突，写就了波澜壮阔的历史。

有关盐的争夺在世界很多国家之间都曾发生过，使得国家的边界不断被打开。

地上地下都界定了国界

　　缓和了关系的两个国家重新划定了国界。除地面上的国界，为了避免纷争，他们重新划定地面以下的国界，也就是人们在 1500 米地下看到木牌上"德奥"两国泾渭分明的标志。国界木牌的竖立标志着这场因盐引起的争斗已经结束。

芒硝

运城盐池

山西运城七彩盐湖

在中原地区，山西省运城市的盐池是唯一一座天然成盐的盐湖，盐湖总面积130多平方千米，盐湖会自然结晶，是永不枯竭的盐源。夏天，随着气温升高，盐湖温度、盐分浓度升高，人在湖中可以漂浮不沉，被誉为"中国死海"。

盐湖中的藻类和盐水虫不断繁殖，变幻出各种颜色，宛如一个巨型调色盘，各色颜料饱满流溢、异彩纷呈、美不胜收。

运城盐池是中国历史最悠久的盐池，距今约有0.6亿年历史，最早被称为"盬"（gu）、"谷海"，因位居黄河以东又被称作为"河东盐城"。因此这个地方在古代是解县和解州之地，又名"解池"。运城建城前名为潞村，因此出产的盐以潞村命名为"潞盐"，并沿用至今。

宋夏盐战

原本属于自然界的盐，在权力和国家的不断冲突中，一次次成了争端的导火索。比如宋朝与西夏之间上演的多次决定国运的大战，引发的原因都离不开此物。

打开中国地图，你可以看到，位于山西运城的河东盐池。每到夏天，强劲的南风从中条山吹进运城盆地。南风过后，浩荡的湖面，就会析出洁白的盐晶体。

河东盐池是中国历史最悠久的盐池，因为池水中含有大量的硫酸镁，盐的味道发苦，因此被叫作苦盐，也叫解盐。这里是中国古代中原地区主要的食盐来源。

今天的河东盐池早已不产盐，改为生产芒硝。每到一年里最冷的时节，白色针状的芒硝晶体就从水中析出，凝结在一处，成为一簇簇晶莹剔透的玉树琼枝，形成美丽的硝淞奇观。作为现代化工原料，芒硝被用于生产洗衣粉等多种用品。

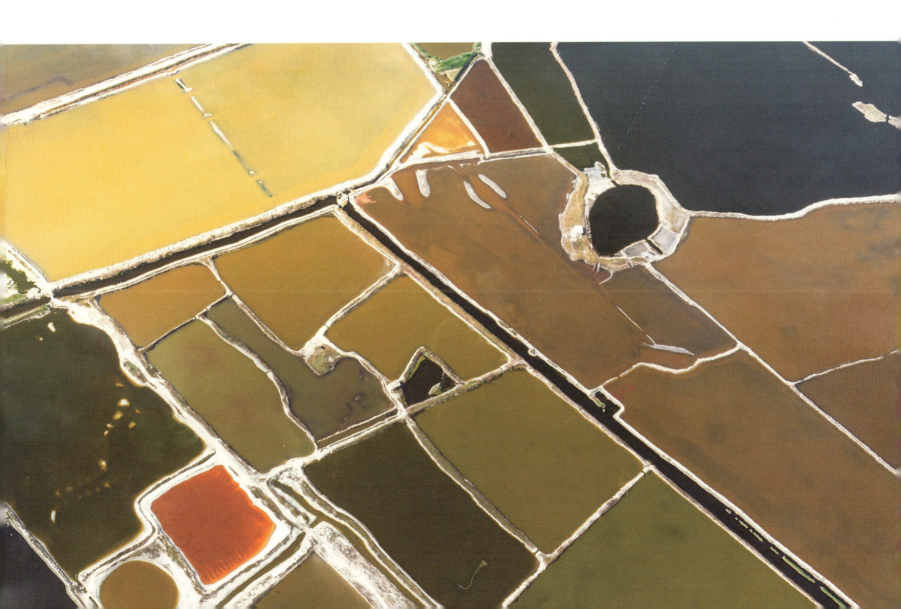

运城盐池晒盐

垦畦浇晒法

　　运城盐池是中国最古老的盐业生产中心。

　　华夏祖先在运城盐池使用的采盐技术一度领先世界。运城盐池最早采用"天日曝晒，自然结晶，集工捞采"的自然产盐方式，即含有盐分的池水，经过风吹日晒浓缩达到饱和程度，自然结晶成盐，人们便组织力量捞采，捞采过后还会再结晶，再捞采，反复进行。这个方法在尧舜时代或更早时期就形成。

　　春秋战国时期，"垦畦浇晒法"开始在运城盐池萌芽，古人像引水浇田一般，在盐池旁人工开垦出晒盐的畦地，畦地旁有渠和路，通过渠将卤水灌入畦地里进行晒盐。

　　经过日光曝晒，以及山西南部中条山强劲的南风吹拂，五六日就可以晒成一次盐，盐质洁白如雪，有"千古中条一池雪"的说法。

山西运城盐池

青白盐

西夏颜色各异的盐

西夏地处内陆,盐资源相当丰富,其中既有盐池如乌池、白池、吉兰秦池等产的散盐,也有河西走廊一带盐山所产的岩盐。

其实西夏产的盐因为所含微量元素不同,颜色也各不相同,有的是紫色,有的是青色,有的是白色,还有的偏黑色,但在众多颜色的盐中,青白二色的盐最多,所以,青白盐就成了西夏盐产品的代称了。

位于中国西北部的甘肃、内蒙古一带的盐池与河东盐池不同，这里的盐的颜色看起来像是白色里掺杂着青绿色，人们管它叫"青白盐"。这种盐含有多种矿物成分，据说居住在这些地区的人由于长期食用这种盐，长寿者特别多。

在中国历史上，青白盐和解盐都有着重要的地位。相比运城盐池的解盐，青白盐味道更甘美，价格也更低廉。因为性价比高，青白盐的竞争力远超宋朝主流的解盐。

为了争夺对盐的控制权，北宋时期，曾发生过三次大规模的战争和无休止的谈判。

北宋时期，位于北宋西北边界的藩属国西夏，生产青白盐，因为其高性价比，竞争力远超宋朝解盐，一经贸易，便占据了市场的主流。很多从西夏走私的青白盐越过边境流入北宋境内，抢走了由北宋朝廷控制的高价解盐的市场，走私现象屡禁不止，滚滚白银流入了西夏政权的国库。

北宋以"断青盐"为基本战略，对西夏实施禁盐，试图用这样的办法切断西夏发展壮大的财源。

后来西夏与北宋对抗，宋太宗发兵五路讨伐西夏，结果各路大军皆因粮草断绝，节节溃败，仅兵员损失即为40万。

在随后的两年多时间里，北宋也是屡战屡败，丧失了对中国西北部的绝对控制权，北宋朝廷不得不向西夏妥协。

北宋西夏之战爆发

西夏"铁鹞子"的重装骑兵部队

处处占上风的西夏

为什么北宋会节节败退，这与青白盐给西夏带来了雄厚财力不无关系。因为有足够的财力支撑，西夏的士兵和武器都更加精良。他们拥有被称为"铁鹞子"的重装骑兵部队和射程远超同期任何一种弓箭的神臂弓。另外一个原因是，西夏党项族自幼便生长于这片大漠荒原，更加熟悉和适应当地的环境。这些因素综合起来，让西夏在战争一开始就占据了上风。

西夏出兵与北宋对抗

当然，持续的盐贸易制裁也使西夏元气大伤。双方都无力在军事上再次展开行动，于是较量转移到了谈判桌上，双方争论的焦点还是盐。

西夏向北宋提出停战条件，明确要求开放盐禁，每年向北宋大量输出青盐。而这是北宋万万不能接受的。公元1044年冬日的一天，西夏边境的城川古城显得比往日更加戒备森严，原来是北宋派来使者在此谈判。

朝廷送来的册封书中提出交换条件，朝廷每年送给西夏大量银两和物品；同时将党项首领受封夏国国主，但对开放盐禁却只字未提。

边境的会馆里，宋朝使臣焦急地等待着西夏党项首领的到来。可等来的只是其手下的三个小官吏，他们傲慢地拿走了册封书。可见，西夏对于不开放盐禁的和平协议是极度不满的。这场战争却没有最终的胜者——北宋打了败仗，但西夏也丧失了开放盐禁的机会，战争并没有打破盐所建立的贸易壁垒。

曾经的宗主国和附庸国，因为盐背后的利益，不惜剑拔弩张、兵戎相见，成为彼此的敌人。盐改变了国家之间贸易的疆界。

有些人想到更远的地方获取盐，有些人想到更远的地方销售盐。人类这种并不复杂的经济活动，却在历史上引发了一系列冲突与纷争。

英国盐

　　一年的 8 月末，在英国柴郡的伯恩奶酪工厂里，工人们都度假去了，但是奶牛产奶是没有假期的，老板伯恩和他的两个儿子仍然要承担牧场的大部分工作。

　　一有空闲，伯恩就会来到作坊里，用最原始的手工方法制作奶酪，这已经成为他生活中不可或缺的一部分。传统手法和现代手法制作的奶酪是不一样的。伯恩还是钟情于传统手法，他认为这样做出来的奶酪更好吃。

　　伯恩的奶酪工厂是柴郡当地最有名的奶酪生产厂家之一，他的家族从 1700 年就开始生产奶酪，制作方式代代相传，直到今天，他们还一直保留着柴郡最传统的奶酪生产工艺。

伯恩的儿子在工作

离不开盐的奶酪制作

英国柴郡是一个既拥有乳制品来源，又拥有盐矿的宝地。这片得天独厚之地，出产大量优质奶酪，因此，柴郡也是人们最早熟知的英国奶酪集中地。

盐是奶酪制作中非常重要的原料，尽管海盐也能制作不错的奶酪，但是它的口感始终不及用柴郡当地的盐做出来的奶酪香甜入味。

柴郡的盐是把取自盐矿洞中的卤水，用大铁盘熬煮而制的。

在制冷设备发明前，为了对奶酪进行长期保鲜，要在奶酪里放入一定量的盐。

盐在高质量的奶酪制作中作用很大，第一它可以减少细菌对奶酪的污染，让奶酪更容易保存。第二能减缓霉变。当然最重要的一点是，盐能让奶酪更加美味。

手工制作的奶酪

看似很小的奶酪，制作离不开盐，说明盐在人类食谱中无处不在，在食物中很不起眼甚至看不见，却又无比重要。

盐在英国历史上，曾伴随着那些远航的水手，越过不同的疆界，成为战争的导火索。

17世纪伊始，英国开始了全球性的殖民扩张，西印度群岛、北美洲、印度到处可以看到英国的远征军。

1840年，由40余艘战舰和4000余名士兵组成的英国远征军从英属殖民地印度出发了，他们此行的目的地是古老而神秘的中国。

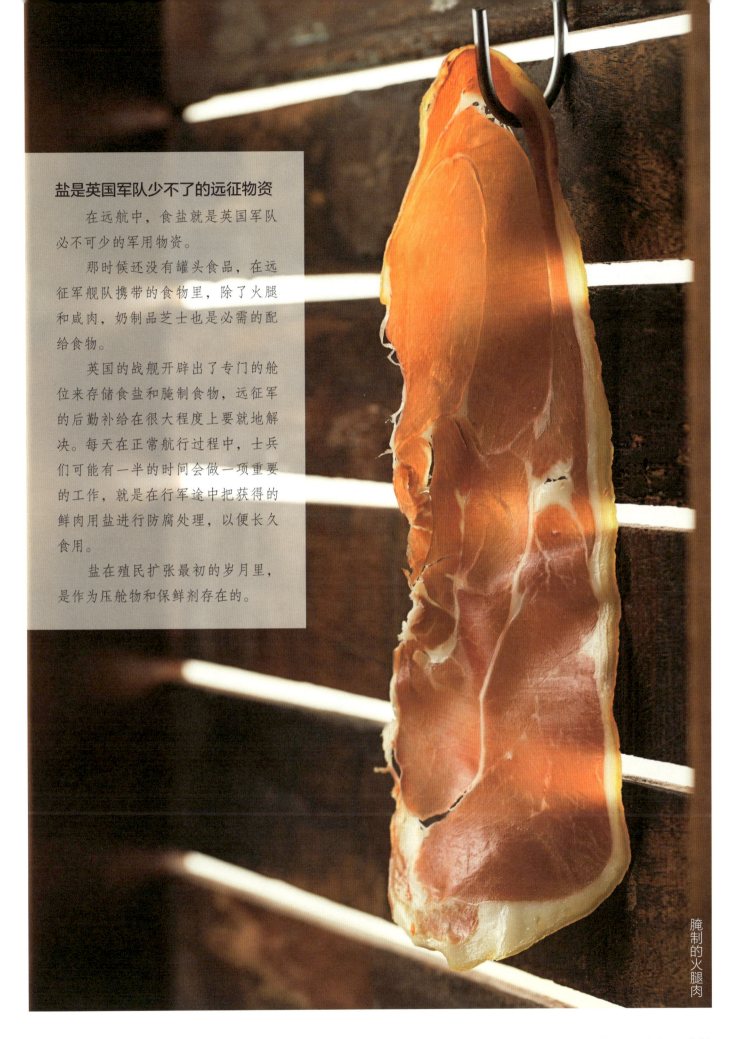

盐是英国军队少不了的远征物资

在远航中，食盐就是英国军队必不可少的军用物资。

那时候还没有罐头食品，在远征军舰队携带的食物里，除了火腿和咸肉，奶制品芝士也是必需的配给食物。

英国的战舰开辟出了专门的舱位来存储食盐和腌制食物，远征军的后勤补给在很大程度上要就地解决。每天在正常航行过程中，士兵们可能有一半的时间会做一项重要的工作，就是在行军途中把获得的鲜肉用盐进行防腐处理，以便长久食用。

盐在殖民扩张最初的岁月里，是作为压舱物和保鲜剂存在的。

腌制的火腿肉

移交盐务行政管理权

这场殖民战争，中国战败。英国用载着腌制食物和火炮的战舰逼迫中国打开贸易之门，除了倾销大批的鸦片，也有包括盐在内的工业品。

当时清政府统治下的中国，盐税占了国家财政的半壁江山，开放食盐贸易，无异于将清政府的经济命脉拱手相送。

从1840年到1913年这70多年的时间里，中国政府最终没有守住这根最后的稻草，将盐务行政管理权移交给英国。

当日不落帝国在扩大自己殖民版图的领地时，似乎也从来没有忘记过盐的扩张。盐在这段旅程中象征着殖民和强权。

在欧洲，盐冲破一切传统意义上的国家边界，伴随着殖民主义的船只和枪炮，引发了一系列殖民和反殖民的战争，改变着世界的格局。

印度盐独立运动

运动发生在印度古吉拉特邦的北部荒漠的产盐区。

在沙漠中制盐，虽然条件非常恶劣，但盐工们可以对盐进行自由买卖，只需要每年向当地政府缴纳少量的租金，就可以得到盐田的使用权。

在这人烟稀少的荒漠边缘，还有一些游牧部落，除了放牧，男人们在外面做些临时的体力活，女人和孩子编制具有民族特色的工艺品向游客们出售。他们是生活在印度最底层的人，四处迁徙，居无定所。

在临时搭建的房屋里，母亲在简陋的灶坑上为孩子们做饭，即使做最简单的烙饼，和面的时候也少不了加入一些盐来调味。

今天的印度人，无论阶级，无论地域，都能自由平等地享用盐这种调味品。

然而，在100多年前的印度，对于绝大多数人来说，享用这一丁点盐可能都是一件奢侈的事。

印度古吉拉特邦的孩子和妇女

曾经不缺失的盐

在被东印度公司统治之前，印度的盐业发展十分自由，他们有自己独特的生产方式以及自由买卖盐的习俗。由于盐的储量十分丰富，几乎是取之不尽用之不竭的。盐的自由供给给他们的生活带来了极大的便利，不仅价格便宜，而且和其他的生活用品一样，只需要缴纳少量的税收就可以进行生产、运输和销售。作为一种生活必需品，印度人民不用担心它会有缺失的时候。

印度盐场

印度有着绵长的海岸线

产盐却吃不起盐

成为英国的殖民地后，印度人就吃不起盐了。那个时候，东印度公司无情地垄断着印度的盐业。当时，印度的食盐价格几乎是英国的十四倍，本身就贫困的印度人根本买不起盐。但是，印度以蔬菜为主的饮食结构又离不开盐，贫困的印度人经历一段吃不起盐的苦难岁月。

孩子也难以吃到盐

印度拥有绵长的海岸线，能生产出质地纯净、价格低廉的海盐，这种海盐在海外市场享有盛誉。

19世纪初，印度沦为英国的殖民地，英国政府为了确保本土制盐业对海外市场的垄断，不惜以手中的权力强制采取不合理的竞争手段。用立法和增加盐税的方式禁止印度的海盐在海外销售，目的就是确保除英国政府，任何人都不能占有盐。

印度大部分的盐都产自西部地区，英国人用带刺的灌木在西部建了一个很厚的植物"墙"，使得人们无法穿过。他们的目的是确保除了政府指定的人员，没有人能私自把盐从印度的西部带到东部去。

《食盐专营法》

　　为了控制印度的盐，印度殖民当局制定了《食盐专营法》。该法规定，印度人只能到政府指定的食盐专卖店买盐，而且购买时要征收重税。《食盐专营法》意在垄断印度的食盐生产，任意抬高盐税和盐价。

　　印度殖民当局还关闭了印度当地的制盐工厂，逼迫穷苦的印度人民买昂贵的进口盐，这引起了印度人民的强烈不满。

印度海盐

甘地雕像

　　在印度，因为一个人，盐成了国家主权的象征。也正是因为这个人，使印度人民在反抗英国殖民统治的岁月里，为自己争取到了一个权力——人人都可以制盐。

　　这个人就是甘地。

　　1930 年，61 岁的甘地和 78 名被挑选出来的追随者离开了古吉拉特真理学院，步行到 386 千米外的丹迪海边。在那里，他们通过刮取海盐的方式来藐视英国的法律。

　　这就是印度历史上著名的独立运动，也叫食盐进军运动。

　　在他开始思考这个食盐进军运动之前，甘地自己已经尝试了很长一段时间没有盐的饮食生活，所以他知道生活中缺少了盐意味着什么。

甘地像

老照片：盐独立运动

为了消灭不平等的殖民贸易竞争，长途跋涉 25 天后，甘地到达丹迪海边，跟随他的已不是最初的 78 人，而是数以万计。

迎着第一缕曙光，甘地消瘦的身躯，小心翼翼地站到遍布盐粒的海滩上。他弯下腰挖起了一大块盐。

虽然赤脚踩在这粗糙的盐粒上很不舒服，然而这种"不舒服"却带来了一种自由的感觉。

英国的盐法第一次被触犯了。

1931 年，英国总督在与甘地的谈判中结束了食盐进军运动，这是殖民地印度与殖民者英国作为平等双方进行的首次对话。

今天，生活在海岸边的印度人被允许收集供自己使用的盐。盐在这一过程中被赋予了历史上不曾有过的含义——它参与了反殖民的斗争。盐伴随着殖民主义突破主权的疆界，上演着人类压迫与反抗、正义与非正义殊死斗争的故事。

急速赛车场

    大盐湖西部有一片已经干涸的盐滩，盐滩非常广阔，1.5 米厚的盐碱地足足有 100 平方千米。这里的盐滩就像混凝土一样坚硬。因为足够坚硬，也很是平整，这里成了全世界唯一的极速汽车赛——博纳维尔极速汽车赛的比赛场地。

    在这里汽车最快速度高达 600 多英里每小时，也就是超过 1000 千米每小时的速度。

盐决定着美国南北战争的格局

紧挨着美国犹他州首府盐湖城的，是著名的美国大盐湖，位于犹他州西北部，也是北美洲最大的内陆盐湖。和世界上其他著名的盐湖一样，这里很是荒凉，但是风景独特。

大，是所有见到犹他大盐湖的人的共同感慨。因为含盐量接近死海，这个盐湖也被称为美国的"死海"。

今天盐再也不是稀缺资源，然而在美国的历史上，盐却是稀缺品。

而当我们把镜头推向美洲时，盐还决定着一个国家政治的格局和走向，盐也曾作为一种重要的资源而成为决定战争胜负的关键因素。

美国大盐湖

1861 年，美国爆发了历史上里程碑式的一场战争，这就是著名的南北战争，然而少有人知道这场战争和盐还有关系。

1861 年 4 月 12 日，战争正式爆发，四天之后，亚伯拉罕·林肯总统下令对所有的南方港口进行封锁。这一封锁被强制实施后，南方陷入了缺盐的危机中。当时，北方是盐的重要产地，南方的盐相当一部分要靠从北方进口。

当内战进行到第三个年头时，北方军队对物资的封锁变本加厉，每到一处，就占领盐场并立即将其摧毁。海军也沿着联盟属地的海岸攻击产盐区，如果盐场开采的是盐水井，他们就破坏水泵。南方军队面临没盐吃的困境，士兵的士气普遍很低迷。这使得战争的天平开始向北方倾斜。

当盐在南部联盟刚刚开始变得稀缺时，沿海地区大种植园的主人便想到了他们在独立战争中积累的经验，他们派遣奴隶用木桶盛来海水，放在大锅中熬煮。但是用这个方法生产出的盐根本无法满足需求。

盐，难倒了南方士兵

美国南北战争时期，腌猪肉、腌牛肉、腌鱼这些含盐量极高的腌肉是战争双方士兵最主要的口粮之一。腌制腌肉时需要大量的盐，而且士兵们骑的马、运武器的牲口也都需要摄入盐，在喂养它们时需要在饲料里加入盐。战争爆发后，盐的短缺对南方军队无疑是很大的制约，这也为南方的失利埋下了伏笔。

腌鱼

没有盐的一方在战争中是无法最终取胜的。

1865 年 4 月 9 日，南方军队向北方投降。在谈判桌上，南军将领坦言他的队伍已经数日没有进食，请求提供食物。据说，当北方军队的供给马车出现的时候，极度饥饿的南军士兵中迸发出一片欢呼声。

战争最终以北方联邦胜利告终。

很少有人意识到，对盐资源的争夺在这场战争中起了举足轻重的作用。是盐拼合了美利坚曾经撕裂的疆土。

战争爆发促使盐价暴涨

　　战争刚爆发时，一袋200磅（1磅≈0.45千克）的盐只卖0.5美元。封锁开始一年多之后，一袋盐卖6美元。到了第三年，盐的价格已经是25美元一袋。战争初期，南方军队有一份口粮清单，按照规定，每个士兵每月可以得到10磅熏肉、26磅粗粮、7磅面粉或硬饼干、3磅大米、1磅半食盐和时令蔬菜，但是事实上，南部联盟军的后勤配给清单难以兑现。盐得不到，其他食物也得不到。

曾经，不管是在美国，
还是远在太平洋另外一端的
中国，抑或其他的一些国家，
有关盐的争夺在不断上演，地
图上的各国边界不断被打破。

柴达木盆地察尔汗盐湖上的万丈盐桥

未加碘精纯盐

大大盐业
DD Salt Corporation

大粒泡菜盐 未加碘

净含量：500g

——源自地下超千米盐层——

大粒盐

日军对自贡实行"盐遮断"

在中国四川省自贡市,盛夏的早晨,还不到8点,海井门口,等候买盐的人已经排成了一条长龙,这里每天限量销售自制的大粒泡菜盐,一个人限购10袋。

在许多自贡人心中,海井的大粒盐是腌制四川泡菜的最佳选择,为了那份酸爽鲜脆的地道口味,哪怕起个大早,排个长队也值得。

自贡的大粒盐咸度适中,经过轻度脱水,在乳酸菌的作用下,泡菜变得鲜脆可口、酸咸开胃。再拌上辣椒油,就是最好的下饭菜。

今天的自贡人,可以悠闲地享用着盐带来的美食,并且又非常钟情于这些美食,比如泡菜,因为在其背后,除了可口的味道,更有一份情怀。

自贡,因为盐,还经历过一段鲜为人知的战争岁月。

四川人对泡菜的热爱

四川人对泡菜的热爱是出了名的。在炎热的夏季,为解决食欲不佳的问题,四川人会准备一坛泡菜水,隔天味蕾就会被爽口的泡菜激活。

在四川,萝卜、红椒、青笋、嫩姜……几乎各种蔬菜都能成为泡菜的原料。新鲜的食材争先恐后地进到坛子里,看上去就像跳水运动员跳进水里,所以这个泡菜也叫跳水泡菜。密封好的泡菜坛子放在阴凉处,一天后就能食用。

泡菜

不减反增的盐产量

　　残酷的抗日战争期间，自贡的盐产量不仅没有下降，反而增加了，解决了全国近三分之一民众的生活食盐所需。向国家上缴的税收，支撑了战时政府岌岌可危的财政。盐工们甚至还自发捐款购买了两架飞机支持抗战。这次，盐成了敌我双方争夺的重要资源，还激发了民众的爱国主义情怀，为抗日战争的胜利作出了重要的贡献。

自贡博物馆老照片

在自贡盐业历史博物馆中，保存着很多珍贵的黑白照片，记录了当年产盐的盛况。

绵延的竹制管道如同过山车，一座座天车密密麻麻地矗立着，码头运盐的货船云集，光着身子的提卤工人汗流浃背。1938 年 4 月，一位年轻的大学老师只身带着摄影机来到自贡。在战火中，他留下了自贡盐业一段斗争岁月中的影像资料。

1938 年的抗日战争时期，中国主要的盐产区已经相继沦陷。自贡就成了战时最重要的盐业中心。战争第二年，日军先后出动 400 多架次飞机，对自贡进行狂轰滥炸。自贡并非战略要冲，日军进攻这里的目的就是想断绝中国人的食盐供应，引发厌战情绪。这就是日本对中国的"盐遮断"。

日本占领了中国沿海产盐地，切断沿海通往内地的盐运通道。但在自贡，即使日机在头顶，盐工们也不是忙着避险，而是在警报拉响时才灭炉火、盖井口，然后进入附近掩体。可以说，那个时期，自贡的盐是盐工用生命和鲜血换来的。

乌尤尼盐沼

锂矿之争

人类历史就像是一个循环，昨天的食盐之争刚结束，今天，这种斗争又以另外一种形式开始演绎。

位于南美玻利维亚的乌尤尼盐沼有着天空之境的美称，今天，人们还发现盐湖里还可以提炼出一种宝贵的资源——锂。

锂在手机、笔记本电脑、电动汽车等制造领域有着广泛的运用，地球上对锂资源的需求面临着爆发式的增长。

对盐湖中锂矿的争夺，也许是未来矿产资源争夺的核心。过去，盐划定了地域的疆界。今天，人们对盐湖中的新能源进行开采权之争，将重新划分国家间无形的疆界。

矿产资源之争，不仅影响了国家之间地理上的边界，还会改写我们的历史，不断上演新的时代故事。

储量丰富的锂

　　乌尤尼盐沼中的锂储量非常丰富，但玻利维亚本国没有提取锂的技术，只能暂时从国外引进技术。为了获得这里的开采权，韩国、日本、法国、中国、巴西曾经展开激烈的竞争，因为要想今后在锂电池市场上占据优势地位，就必须确保稳定的原料来源。

玻利维亚盐场

盐，这个微小而平凡的晶体，是人类赖以生存的资源，也闪耀着人类智慧的光芒。

第六辑

回归

通往埃塞俄比亚"炼狱"的盐路

在埃塞俄比亚默克来高地，有一所提格雷部落的小学。

这是本学期的最后一堂课，下课后，12岁的阿米尔将迎来他的假期。

在学校附近村子的家中，阿米尔的爷爷，80多岁的海吉拜拉正等着阿米尔放学回来。

海吉拜拉40多岁的时候，曾去麦加朝拜，回来后按照习俗把胡子染成了橘红色，成了村里受人尊敬的长者。

海吉拜拉

海吉拜拉从小就从父辈那里学习了如何到酷热的达纳基勒去运盐。他很希望家族中能有人继承这份祖辈的运盐传统。

阿米尔是他唯一的孙子，也是他唯一的希望。他要在自己退休之前带着孙子到那个地方走一趟。孙子阿米尔没想到，这个假期正有个不同寻常的旅程在等待他。

阿米尔

默克莱的盐田

默克莱高地是盐的贸易重镇

　　默克莱是埃塞俄比亚北部提格雷地区的首府，也是埃塞俄比亚盐业贸易的重镇，盐从这里被分售至全国各地。在达纳基勒洼地挖出的盐，会被切成砖状，然后用骆驼运送到默克莱。每生产一块盐砖，盐工仅仅能获得少得可怜的报酬，可能也就相当于 1 元多人民币，但是到了默克莱的集市上，这些盐砖却会以高出 10 倍的价格卖出。

最不适宜人类进入的十大地区之一

　　达纳基勒洼地有一座活火山，因为气候的原因和火山的存在，这里是世界上年平均气温最高的地方，也是世界上最不适宜人类进入的十大地区之一。但这个地方也是个宝地，因为这里遍地都是盐。

达纳基勒洼地

离海吉拜拉爷孙俩居住的默克莱高地大约 3000 千米，海平面以下 110 米的地方是达纳基勒洼地。

据说从古希腊时代起，居住在埃塞俄比亚高原的提格雷人便赶着骆驼，年复一年地咬紧牙关，走进这片令人生畏的"大火炉"，去寻找宝贵的盐。

晚餐的时候，海吉拜拉将向全家宣布他的一个决定。他要带孙子阿米尔去一趟达纳基勒洼地，让孙子看看他之前是怎么工作的。

盐工在达纳基勒洼地工作

第二天，爷孙俩出发了。他们只带了一些干面包、装满水的羊皮囊，以及骆驼食用的干草。

海吉拜拉也是大约十岁的时候第一次走上这条路的，对他来说，这是一种传统，要延续下去。然而对阿米尔来说，一切都是未知。

在埃塞俄比亚恶劣的自然条件下，爷孙俩将走上七天七夜去运盐，这将是一个有关盐的传承的故事。

爷孙俩做出发前的准备

海吉拜拉家的驼队

同行的驼队

海吉拜拉家有十来头骆驼，去盐漠的路上，他们还会带上大量的干草。这些干草将被存放在几个驿站，作为回程牲口的草料。因为到了达纳基勒洼地，那里是找不到一根草的。

默克莱高地通往达纳基勒洼地的路上有长长的驼队。有些驼队和海吉拜拉祖孙一样，都是来自默克莱高地上的提格雷人，他们需要走三天三夜的路程，每天步行近 20 个小时，目的地就是 300 千米外的达纳基勒洼地的盐漠。

行走的第一天，沿途所见让阿米尔感到既兴奋又新奇。

在这寸草不生的荒漠，和他们相伴的只有骆驼。一趟行程，能运多少盐，完全取决于有多少头骆驼。

几天的跋涉，对人是考验，对骆驼也是考验。

正午的时候，气温达到50摄氏度以上，相当一部分淡水需要靠路上断断续续的小河沟补充。然而，在比较干旱的年景，常常是驼队走到渴望已久的饮水点时却发现河沟早已干涸了。所以，在驼盐的路上，可能会看到驮盐人和他们的骆驼因为缺水而慢慢死去。

傍晚，其他的驼队还在顶着热风继续行进，爷爷找了一块避风的山谷，和阿米尔休息一晚。距离目的地还有一天一夜的路程。以阿米尔的身体状况，不知能否到达那片神秘的土地，这对头一次进入沙漠的阿米尔来说是个不小的挑战。

寸草不生的荒漠

行走的第二天，阿米尔就打不起精神了，50摄氏度的高温，令他头晕，白花花的盐滩，晃得他两眼发黑，在这海平面以下100多米的炽热洼地中，目的地似乎遥不可及。

海吉拜拉这一辈子拼的就是脚力，阿法尔人采盐，他们负责把盐运出来，这种古老的传统已经形成了几百年。看着身边的阿米尔，现在让他担心的是，一辈辈传承下来的驼盐之路，还能否有下一代继续下去。

提格雷人运盐的驼队

生存之路

冒着生命危险来"地狱"采集"白色金子"的提格雷人具有传奇般的色彩，但只有他们自己，才能真正了解运盐之旅近乎极限的恶劣环境。

和阿法尔人相比，运盐的提格雷人最大的资源就是驼队。同样在极其恶劣的环境中工作，采盐的阿法尔人收入却要比运盐的提格雷人少很多。维系生活的收入，是提格雷人日夜不停地行走的动力。

阿法尔人在采盐

山东盐工转行

和当年的埃塞俄比亚不同，今天，在世界上大多数地方，盐业生产早已经摒弃了刀耕火种时代那种传统的产盐方式，盐的获得和提炼加工已经变得非常容易。例如，真空制盐法自20世纪初就被广泛使用，产盐量也比过去手工晒盐多得多。

山东拥有得天独厚的地下卤水资源，大大小小的海盐场就有20多个，每年产盐1千多万吨。不过现在，现代化海盐生产已经过剩，很多海盐厂和盐业工人面临着前所未有的困境。

历经数千年的山东海盐

山东海盐在中国历史上赫赫有名，有着我国最早的海盐生产地。

山东的食盐利用与生产可追溯到新石器时代。相传炎帝时期，在山东半岛南部胶州湾一带住着一个原始部落，部落首领名叫凤沙。有一天，凤沙从海里打了半罐水放到火上煮，突然一头野猪从眼前飞奔而过，他拔腿追赶，等扛着打死的野猪回来时，罐里的水已经熬干了，只在罐底部留下了一层白白的细末。他用手指蘸了一点尝了尝，味道很咸。凤沙用烤熟的猪肉蘸着它吃，味道很鲜美。

那白白的细末便是从海水中熬制出来的盐。从此以后，凤沙盐就走进了人们的生活，并成为必不可少的生活物品，凤沙氏被人们尊为"盐宗"。后来，人们在胶州湾修建了盐宗庙，供奉煮海为盐的凤沙氏。

山东盐场

程师傅今年 38 岁，他是中国山东莱州湾一家盐场的盐工。他每天工作非常简单，就是给收好的盐堆盖上塑料膜，防止被雨水泡化。

他的父母是在盐场干了一辈子的老工人，他知道盐业工人的辛苦，不仅工作单调，挣钱又少。但凭着对盐业的那份情感，程师傅还是继承了父母的事业。

虽然程师傅所在盐场的盐质量好、结晶大，但是这些年整个盐业市场产大于销，他还是明显感觉到，企业的效益远没有

出海前准备

"猛子"

"猛子"是山东话，山东人用这个称呼那些潜水到大海里以捞取海鲜为职业的人。"猛子"是个危险活，也是个很耗费体力的活儿。当然，高风险也意味着高收益。天气转暖后，海产品又到了收获的季节，靠捞海鲜为生的"猛子"活就多了起来。"猛子"收入的多少取决于下海作业能捞上来海鲜的数量和质量。

山东盐场

父亲退休前好了。转型是摆在企业面前的问题，更是摆在而立之年的程师傅面前的问题。

程师傅所在的这家海盐场，靠海吃海，但盐业的效益不好，这几年建设了现代化的海洋牧场。要知道，大海里不仅有盐，而且有更值钱的海鲜。周边的人靠着人工投放礁石等科学手段，可以让海参、贝类等珍贵的海产品生长得更多更好。

程师傅要做出一个很难的抉择，那就是要不要从一个盐业工人变成一个"猛子"。

对于程师傅来说，改行能挣得更多，但是他面临最大的挑战就是要学会潜水。

　　虽然经过了专业的潜水培训，程师傅还是非常紧张，毕竟这一天是他第一次出海。

　　当天的风浪比平日稍微大些，看着老师傅们一个个跳下海里，作为从小在海边长大的程师傅竟然怂了。没有勇气下海的程师傅，就在船上准备些吃的。海上的食物非常简单，用自己盐场生产的海盐腌制的咸鱼、螃蟹都是最好的美味。

　　看着师傅们从海里带回满满的收获，程师傅暗下决心，他一定要把握住下一次出海的机会。说到底，你如果想当"猛子"，就得像老师傅们那样，有那么股子猛劲儿！

　　面对着苍茫的大海，程师傅知道，以后的生活会和过去完全不一样了。出徒后可能要面对的，就是一天七八个小时的海上工作，但随即带来的，也许是更富足的生活。程师傅想着，改变也许不是坏事。

　　在地球上，有些人需要面临盐过剩带来的烦恼，而有些人则仍需要靠脚力以运盐谋生。

海鲜打捞现场

伴随艰辛与病痛的生活

　　"猛子"的活非常辛苦，有时候一次要在水下待 1 ~ 2 个小时。他们脖子上挂着网兜，在海里拾到海鲜就放在网兜里，所以他们经常用脖子拖着四五百斤的网兜在海底行走，许多人都患上了颈椎病。而且他们长时间浸泡在水里，身体很容易失温。如果不做好保暖措施，很容易冻出关节炎等疾病。

一口盐井兴旺了一个村

这是一场现代文明与古老传统的对话。

坐落在中国云南省云龙县大山深处的诺邓村有着 700 余年的历史，因为独特的地形，也被称为八卦村，这里曾是滇西地区的经济重镇。

山下有一口历史悠久的盐井，整个村子因为这口盐井而兴旺了几百年。

今天，制盐的传统以另外的方式被传承下来。

农历七月二十六，是祭祀盐水龙王的日子，也是黄奇昌老

盐水龙王像

祭祀仪式

盐井旧址

人一年中最忙的一天。

他是祭祀仪式的主持人。

凌晨5点，他便带领乡亲们吹吹打打地上山了。生活在这里的人们常说，没有盐，便没有这个村落和他们。他们对盐水龙王格外感恩。按中国传统习俗，祭祀龙王是为了祈求下雨，而在这里，祭祀龙王是为了祈求不下雨。

村民们到了山顶，接上一壶卤水，再把这壶卤水隆重地抬下山，倒入山下的盐井，拜托龙王一年不要下雨，不要稀释他们赖以生存的卤水。因为雨水少，地下水的盐浓度就高，煮出来的盐就多。

历史久远的诺邓盐井

诺邓村地处云南省大理州云龙县云龙镇，不仅是白族早期的经济重镇，也是滇西北年代最久远的村落之一，距今有1000多年的历史，被称为"千年白族村"。

山下的诺邓盐井年代更加久远，最早开凿于西汉时期，已经存在了2000多年。唐代，诺邓村因盐井而兴盛。唐代《蛮书》中记载："剑川有细诺邓井"。古老的盐井因年产百万斤优质食盐，享誉国内外，与国内的滇西、国外的缅甸等都有贸易往来，带动了村落经济发展。

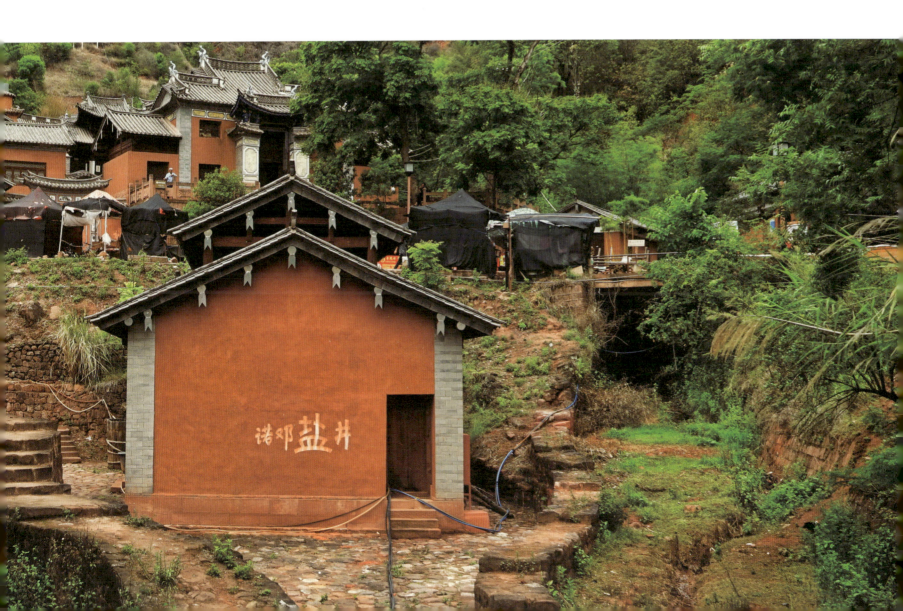

诺邓人不变的选择

　　1995年，诺邓村的盐井正式停止了生产，但诺邓村的村民每天要花上半个小时，从山下的井里背运这些天然流淌出来的卤水用来熬盐，自给自足，这种采盐的方式从明代沿用至今。村民们至今都食用自己熬的盐，一来他们不忍心浪费这些天然的卤水，二来他们认为用诺邓卤水熬出的盐含钾丰富，味道更好。

村民背卤水

村民熬盐

黄奇昌

　　黄奇昌是这个村里受人尊敬的长者，他曾经是诺邓国营盐场的工人，在他的记忆中，60年前这里大批量生产着全国闻名的诺邓盐。那个时候，这里到处都是忙碌的工人、来往的卡车、飞扬的尘土。

　　20世纪90年代，国营盐场在市场的冲击下逐渐退出了历史舞台，如今只留下了盐厂高耸的烟囱，再也没有了昔日的红火场面。

　　傍晚，黄奇昌又来到废弃的老厂房转了转，这些大烟囱让他心生波澜，现代文明冲击着传统手工业。翻过这座山，外面的世界早已不需要曾经有名的诺邓盐。诺邓村的辉煌已不存在，所有的一切只是为后人留下了些许印记。

祭祀盐水龙王的仪式结束后，村民们要热热闹闹地再一起聚餐，黄奇昌主持的祭祀活动就算正式完成。

村民们会把吃不了的盐用磨具制成旅游产品出售。先把盐巴放到事先准备好的模具里压实，再放到阳光下晾晒一些日子，固定成形。也许你想不到，盐可以做成各种形状，甚至还可以混上各种颜色。这些手工艺品也是诺邓村民的收入来源之一。游客们买几块诺邓盐回家，就算是对到过诺邓古盐村的最好纪念了。这些小小的物件，寄托着当地村民对盐的悠远绵长的情感。

诺邓火腿

盐工艺品

诺邓火腿的风味密码

　　爆炒诺邓火腿，是诺邓当地有名的美食。诺邓村生产的火腿风味独特，不只是制作工艺方面独特，而且还有两个特殊条件。一是诺邓村环境气候特殊，冬无严寒夏无酷暑，腌制后的火腿有很长的阴干晾挂时间，可谓是"隔年火腿"，有的甚至三五年之后还能生吃；二是用诺邓卤水熬出的盐含钾丰富，没有咸苦味，进而保证了腌制的诺邓火腿咸淡适中、鲜而回甜。

顾客在选购眼泪盐

英国的眼泪盐

今天，在世界上大多数地方，盐都变得更容易获得，大自
然的赐予似乎更为简单，于是有人用附加情感的价值赋予它更
为丰富的含义。

在英国伦敦的霍克斯顿街怪物杂货店，出售的盐格外稀奇。
这个奇特的杂货店推出了一系列号称由人类眼泪制造的盐类调
味品。这些盐被称作"眼泪盐"，其成分是"温煮过的新鲜眼泪"。
一位名叫安妮的顾客几乎每个月都会来到这里。

她挑了一瓶叫妒忌的盐，她今天心情不好，要用这个特殊
的盐做一桌菜。

由于安妮来这家店的次数挺多，并且她很喜欢买妒忌盐，
所以店里的工作人员也说，安妮很古怪，她非常妒忌别人的美
貌，所以她经常买妒忌盐。

眼泪盐的来历

顾名思义，"眼泪盐"的原料应该为人类新鲜的眼泪，在这些眼泪里，分为生气的、伤心的、开心的、嫉妒的等类型，所以煮出来的盐代表的含义也不一样。

眼泪盐的设计师叶·安来自韩国，在伦敦经营一家设计公司10年，一个偶然的小灵感让他想到人类的眼泪是咸的，他认为人们在不同心情时流出的眼泪应该也有不同的味道。

实际上，叶·安和他的设计团队是将海盐和不同的调料混合，产生不同的咸味，盐也由此被赋予了人类的情感。人们花10镑买一瓶眼泪盐，虽价格不菲，但买的不仅是食用意义上的盐，还有一种特定的心情。

代表不同情绪的眼泪盐

设计师叶·安

眼泪盐

眼泪盐设计师叶·安认为怪物杂货店最有特色的地方，是每件物品在不同的人眼里有不同的看法，可能代表不同的意义。每个人看这里的物品，可能会代入自己的情感。

　　说到情感，设计师叶·安表示，他仍然会去韩国超市买韩国的盐，因为那里的盐代表着家的味道。他看到泡菜也是一样，立马会想起自己的家乡。他很思念自己的家乡，当他看到那个海盐的罐子上有韩国的标志时，他心里都会涌起浓浓的乡愁。

山本基

日本盐雕艺术家

盐在今天的人类社会中早已超越了作为最基本的维持生命的物质，它不但有趣，甚至还被赋予了不寻常的文化和情愫的特质。

盐可以用来腌制食物，以便长期保存它们；盐同样可以腌制岁月，把思念保存下来。

在日本神奈川县生活着的山本基，正在进行着的是一项独特的艺术创作——盐雕。

他用盐创作了精美的图案和独特的雕塑，在他的双手创作下，这些纯净、洁白的晶体好像有了灵魂和生命，它们自由地舞动，辗转盘旋。

山本基年轻时曾经在造船厂工作，后来由于日本经济不景气，山本基被裁员了，之后他通过努力考上了艺术学校。

在 24 岁那年，他的妹妹因患脑癌永远地离开了他，他只能通过艺术创作把悲痛转化作对妹妹的思念。于是，他开始用盐进行创作。

盐是纯洁的代表

在日本的传统习俗中，盐象征着纯洁和神圣。在相扑运动中，运动员会在运动开始前把盐洒在相扑台上，表示用盐把场地以及身体都清洁了。

参加葬礼时，前来吊唁的宾客会在身上撒盐，以表示对死者的尊重与哀悼。人们在葬礼上还会把洁白的盐撒在死者的被子上，代表净化的含义。

这其实也是山本基选择"盐"作为创作材料的重要原因。

盐是山本基进行创作的材料

作品《迷宫》

《迷宫》

　　山本基试创作的最新作品名叫《迷宫》，他将盐粒装进尖嘴漏斗瓶中，用漏出的盐一点一点画出不同的图景。形成错综复杂的盐迷宫和创意图案需要使用数百磅的盐，花费几个小时才能完成。迷宫这个作品，是为了表达对去世的妹妹深切的怀念，怀着想要与妹妹再次见面的心情，用盐进行线的描绘，纯白的盐粒，寄托着山本基对妹妹无限的哀思。

山本基在创作的时候神态非常凝重。他在用这些白色的颗粒和妹妹对话。他是在编织时光，也是在编织那种剪不断、理还乱的思绪。他用盐把那些记忆保留下来。

每当他进入创作状态的时候，就是想留住那些儿时的回忆。这十年间，他除了正常的上班时间，都在不停地创作。

用来寄托思念的东西很多，而山本基独独选中了盐。盐在阳光的照耀下给人一种透明感，这种透明感让人觉得它可以包容一切。

山本基的作品曾到世界各地进行展出，每次展出前，他都要花上半个多月的时间夜以继日地进行制作。

每次展览结束，他都会将作品中的一部分盐带回家乡。他要让这些盐从哪里来到哪里去，这些盐将被送回大海以完成它们的循环。

盐，瞬间消失在大海里，不见了。

这就是生命之盐。

借助这种行为，人们感悟到人生与自然的联系，以及人类生死与大自然物质轮回的意义。

参观者参与撒盐活动

盐田上的盐

除了盐，地球上没有哪一种矿物质和生命有如此密切的关系。

如今，人类生产了足够多的盐，也许人们已经忘记，它曾经是珍贵的。它孕育了最早的文明，创造了巨大的财富，负载着人类的失望与希望、贪婪与慷慨。

一个个人就像一粒粒的盐，在今天就是一粒粒平凡不过的白色粉末，却又创造着一个个不平凡且有滋有味的故事。盐的滋味就是生命的滋味。

图书在版编目（CIP）数据

生命之盐 / 张力，池建新主编 . -- 北京：中国科学技术出版社，2024.1
（文明的邂逅）
ISBN 978-7-5236-0252-2

Ⅰ . ①生… Ⅱ . ①张… ②池… Ⅲ . ①盐业史—世界 Ⅳ . ① F416.82

中国国家版本馆 CIP 数据核字 (2023) 第 084453 号

策划编辑	徐世新
责任编辑	向仁军
封面设计	锋尚设计
正文排版	玉兰图书设计
责任校对	邓雪梅
责任印制	李晓霖

出　　版	中国科学技术出版社
发　　行	中国科学技术出版社有限公司发行部
地　　址	北京市海淀区中关村南大街 16 号
邮　　编	100081
发行电话	010-62173865
传　　真	010-62173081
网　　址	http://www.cspbooks.com.cn

开　　本	787mm×1092mm　1/8
字　　数	231 千字
印　　张	39
版　　次	2024 年 1 月第 1 版
印　　次	2024 年 1 月第 1 次印刷
印　　刷	北京瑞禾彩色印刷有限公司
书　　号	ISBN 978-7-5236-0252-2/F・1148
定　　价	198.00 元